プロ野球を選ばなかった怪物たち

元永知宏

イースト・プレス

※本文中の敬称は省略させていただきます。

はじめに

もし目の前に栄光へと続くきらびやかな道があったとしたら、あなたはそのまま歩き続けることができるだろうか。

子どものころから憧れたステージには、まぶしいほどのスポットが当たっている。競争は激しいけれど、お金も名声も手に入る可能性がある。1年でクビになるリスクもあるものの、自分の頑張り次第では、想像できないほどの栄光を手にすることもできる。

しかし、そこは狭き門だ。誰にでも簡単に入れるところではない。通用するかどうか、素質の有無が厳しく審査され、多額の契約金を得るかわりに、もう後戻りはできなくなる。

24時間すべてをかけ、命を削りながら戦う覚悟はあるか？

そう問いかけられる。

そこでは、天才といわれる男たちが、自分のポジションをつかもうと必死で格闘している。

他人を蹴落としてでも、と。一度戦場に入れば少々のケガでは休めないし、仲間にも気を許すことができない。

もちろん、誰もが憧れる場所ではある。しかし、生き残れるのはほんのわずかだ。残酷なほどの厳しい争いがあるからこそ、プロ野球が放つ光は強い。だから、多くの人が魅了されるのだ。

高校、大学時代にどれだけすごい活躍をした選手でも、プロ野球選手になれるかどうかすらわからない。アマチュアで突出した成績を残した大物も、プロ野球に入ればイチからのスタートになる。

甲子園で輝きを放ったエースや四番打者が、一度も一軍に上がることなくユニフォームを脱ぐことなど珍しくはない。逆に、高校時代は全国的に無名、レギュラーでもなかった選手が、プロ野球でタイトルを獲ったり、1億円プレイヤーになったりすることもある。

確かなのは、高校や大学時代の成績が、その選手のポテンシャルを表すものではあっても、将来の成功を保証するものではないということだ。

1968年（昭和43年）の早生まれの私は、野球界でいえば「KK世代」に属している。1

９８３年、高校一年生の夏にＰＬ学園のエースとして日本一になった桑田真澄《くわたますみ》（元読売ジャイアンツなど）、四番打者の清原和博《きよはらかずひろ》（元西武ライオンズなど）というふたりの「Ｋ」が世代の代表だった。彼らが先頭を走り、そのあとを佐々木主浩《ささきかづひろ》（元横浜ベイスターズなど）、田中幸《たなかゆき》雄《お》（元日本ハムファイターズ）、渡辺智男《わたなべとみお》（元西武ライオンズなど）、大森剛《おおもりたけし》（元読売ジャイアンツなど）らが追いかけた。

高校のとき、愛媛の進学校の野球部員だった私にとって、甲子園などはるかに遠い世界だった。松山商業や今治西といった甲子園常連校とは練習試合さえ組んでもらえなかった。高校時代の最高成績は県大会ベスト16。そんな私にとって、全国から集まってきた野球エリートがしのぎを削る東京六大学リーグは特別な場所だった。神宮球場で暴れまわる選手たちは、甲子園球児と同様に、雲の上の存在だった。

私が立教大学野球部に入った１９８６年の東京六大学には、のちにドラフト1位指名される大物がそろっていた。法政大学の猪俣隆《いのまたたかし》、葛西稔《かさいみのる》（いずれも元阪神タイガース）、明治大学の武田一浩《たけだかずひろ》（元日本ハムファイターズなど）、早稲田大学の小宮山悟《こみやまさとる》（元ロッテオリオンズなど）、慶應義塾大学の大森剛……。立教大学の2学年上には長嶋一茂《ながしまかずしげ》（元ヤクルトスワローズなど）がいた。

大学の4年間で一度も神宮球場でプレイすることができず、2階席から試合を見ることが多かった私にとって、彼らは異次元の存在だった。すべてにおいてレベルが違いすぎて、自分との距離は測れなかった。こういう選手がプロ野球に行くのだろうし、きっとスーパースターにのぼりつめるのだと思っていた。

しかし、現実は甘くはなかった。

東京六大学で史上6人目の三冠王を獲得し、通算17本塁打を放った大森は、プロ野球で29本しかヒットを打てなかった。大学時代に通算11本塁打を記録し、プロ初安打をホームランで飾った長嶋のプロ通算成績は、打率2割1分0厘、18本塁打というさびしいものだった。大森は10年、長嶋は9年プレイしたものの、最後まで大学時代の輝きを放つことはできなかった。

プロ野球は残酷だ。成績を残した者だけが生き残り、実力の足りない選手は消え去るのみ――。

私が所属した立教大学野球部には黒須陽一郎《くろすよういちろう》という同期の選手がいた。一年の春季リーグ戦から試合に出て、秋にはベストナインに選ばれた。大学通算で15本塁打（歴代13位タイ）、65打点（歴代10位タイ）という成績を残している。主将として、立教大学を23年ぶりのリーグ優勝に導いた黒須は、野茂英雄《のもひでお》（元近鉄バファローズなど）に8球団が1位指名で競合した19

89年ドラフト会議で、スワローズから3位指名を受けた。しかし、その指名を拒否し、野球部のない日本興業銀行への就職を決めた。と同時に、野球人生を終えることになった。

もし黒須がプロ野球選手になっていたら……と私はよく考えた。池山隆寛《いけやまたかひろ》、飯田哲也《いいだてつや》らとの熾烈《しれつ》なレギュラー争いを勝ち抜いたなら、どれだけの成績を残しただろうか。もしかしたら、同い年の桑田や清原と並ぶほどのスーパースターになったのではないか。

1990年代のスワローズは名将・野村克也《のむらかつや》に率いられ、黄金時代を築いた。その中心にいたのは、黒須と同じ1989年ドラフト会議で2位指名を受けた古田敦也《ふるたあつや》だった。彼らに揉《も》まれることで才能はさらに磨かれたはずだ。

しかし、「もし」が現実になることはなかった。本人の心のなかをのぞくことはできないが、プロ入りを拒否したことを後悔しているのではないかという思いが私にはあった。それほど彼の野球センスはずば抜けていたし、プロで成功した選手たちに劣らぬ素質を持っていたことは間違いない。

野球界には、アマチュア時代に華々しい成績を残し、プロ野球から指名（誘い）を受けながら、入団しなかった大物選手がいる。

東京六大学で通算48勝（歴代最多）を挙げた山中正竹《やまなかまさたけ》、バルセロナ大会から3大会連続でオリンピックに出場した杉浦正則《すぎうらまさのり》、慶應大学で31勝をマークしながら大学で野球人生にピリオドを打った志村亮《しむらりょう》。

松下電器、秀岳館の監督として多くの好選手を育てた鍛治舎巧《かじしゃたくみ》、新日鐵君津監督時代に森慎《もりしん》二《じ》（元西武ライオンズなど）、早稲田大学監督時代に斎藤佑樹《さいとうゆうき》（現北海道日本ハムファイターズ）らをプロ野球に送り出した應武篤良《おうたけあつよし》にもドラフト指名を蹴った過去がある。

彼らはなぜ、プロ野球を選ばなかったのか？

決断を下した裏には、どんな思いがあったのか？

「もしあのときプロ野球に進んでいれば……」と後悔したことはなかったのか？

私は、「プロ野球を選ばなかった怪物たち」に質問をぶつけた。

高校や大学時代の成績とプロ野球での活躍は必ずしも比例しない。高額の契約金を得てプロ野球に入ったものの、「契約金泥棒」といわれた選手もたくさんいる。そう考えると、「プロ野球を選ばなかった怪物たち」が成功したかどうかはわからない。だが、取材した彼らは、間違いなくプロ野球に行くだけの才能を持ち、活躍できる可能性を秘めていた。

プロ野球ほど華やかな世界はそうそうない。だから、そこから背を向けた彼らがどんな功績を残したのかはあまり知られていない。しかし、「プロ野球を選ばなかった」あとも、彼らは野球を愛し、野球と関わりながら生きてきた。

果たして、彼らはどんな思いを抱きながら、ここまで歩んできたのか。私は、自分の意志でもうひとつの道を選んだ男たちを追った。

彼らが若きに日に下した「決断」と、その後何十年も生きた末に獲得した「結果」——本書はこのふたつでできている。

プロ野球を選ばなかった怪物たち　もくじ

第一章　山根佑太
東京六大学のスラッガーはなぜ野球をやめたのか

第二章

杉浦正則

世界の頂点を目指した〝ミスター・オリンピック〟

第三章

鍛治舎巧

パナソニック人事部長から高校野球の名監督に

第四章

志村亮

ビジネスマンを選んだ
伝説の左腕

第五章 應武篤良

〝プロ〟へと育てる〝アマチュア〟球界の名将

第六章

山中正竹

〝小さな大投手〟は球界の第一人者へ

番外

遠藤良平

プロに挑戦した東大のエース

第一章

山根佑太

東京六大学のスラッガーは
なぜ野球をやめたのか

PROFILE

山根佑太

（やまね・ゆうた）

1995年、広島県生まれ。右投げ右打ち。小学生のとき、ソフトボールで全国大会優勝、中学生時代にはヤングリーグで全国準優勝を経験する。2011年に浦和学院に入学すると、二年の春から外野手としてレギュラーの座をつかみ、三年の夏まで4回連続で甲子園に出場する。三年春のセンバツでは、主将として優勝を果たす。大学では四年春から打撃を開花させ、春季リーグ戦で立教大学のリーグ優勝、全日本大学野球選手権優勝に貢献し、ベストナインにも選出される。

2017年度 第53回ドラフト会議 主な指名選手

1位【内】	清宮幸太郎（早稲田実業→北海道日本ハムファイターズ）
1位【捕】	中村奨成（広陵高→広島東洋カープ）
1位【捕】	村上宗隆（九州学院→東京ヤクルトスワローズ）
1位【投】	東克樹（立命館大→横浜DeNAベイスターズ）
1位【投】	鈴木博志（ヤマハ→中日ドラゴンズ）
2位【内】	藤岡裕大（トヨタ自動車→千葉ロッテマリーンズ）
2位【外】	岩見雅紀（慶應大→東北楽天ゴールデンイーグルス）
3位【内】	熊谷敬宥（立教大→阪神タイガース）
2位【外】	神里和毅（日本生命→横浜DeNAベイスターズ）
7位【投】	宮台康平（東京大→北海道日本ハムファイターズ）

第一章 山根佑太　東京六大学のスラッガーはなぜ野球をやめたのか

［2017年六大学春季リーグ　立教―慶應］　勝利を呼ぶ逆転ツーランを放つ／提供：産経ビジュアル

エリート野球道を歩み続けた男

野球部のある高校は全国に3700校以上もある。2018年夏、甲子園に足を踏み入れられたのは56校だけだ（記念大会以外は49校）。確率にすれば1・5パーセントにすぎない。どれだけ実力のあるメンバーがそろっても、百戦錬磨の監督が采配を振っても、途方もない数字であることに違いはない。奇跡という言葉を使うほうがしっくりするほどの難しさだ。だから、ほとんどの球児は甲子園の土に触れることなく、ユニフォームを脱ぐことになる。

実力に加え、運に恵まれない限り、聖地に立つことはできない。

だから、プロ野球で活躍するスーパースターのなかには、高校時代に甲子園に出ることができなかった選手がたくさんいる。1980年夏の甲子園で優勝投手になり、プロ野球でも20年間プレイした愛甲猛《あいこうたけし》（元ロッテオリオンズなど）はこう語っていた。

「プロで何十勝もしているのに、甲子園の阪神タイガース戦でやたらと投げたがるピッチャーがいました。僕は高校時代に何試合も投げているので、そんな思いはないのですが……」

憧れの場所に出られなかった悔しさを胸に、プロ野球にたどりついた選手にとって、いくつになっても甲子園は特別な場所だ。

甲子園に出られなかった球児の多くは、山根佑太の実績を見てジェラシーを覚えるはずだ。2012年、二年生の春に、浦和学院（埼玉）の外野手として初めて甲子園に立ち、三年夏まで4回連続で出場している。出場できる可能性のある5回のうち4度、憧れの舞台でプレイした。

二年春は3回戦で大阪桐蔭（大阪）に2対3で敗れたもののベスト8に進出、夏も3回戦まで進んだ。エースの藤浪晋太郎《ふじなみしんたろう》（現阪神タイガース）の奮闘で大阪桐蔭が春夏連覇を果たしたこの年、山根は二年生ながら春の2回戦から五番、夏は四番に座り、藤浪をはじめとする好投手を相手に、春夏合わせて21打数8安打、5打点をマークしている。

三年春のセンバツはキャプテンとして全国制覇に貢献。済美（愛媛）の安樂智大《あんらくともひろ》（現東北楽天ゴールデンイーグルス）を打ち崩した。最後の夏は1回戦で仙台育英（宮城）に敗れたものの、10対11の激闘を展開している。

甲子園の通算成績は49打数20安打（打率4割0分8厘）、16打点。甲子園で持ち前の打棒を十二分に発揮し、9個の勝利を積み重ねていった。

山根が華々しい成績を残したのは高校時代だけではない。

小学生のとき、ソフトボールで全国優勝を果たし、中学時代にはヤングリーグの全国大会で準優勝。立教大学入学後、四年の春にはクリーンナップに座り、18年ぶりの東京六大学リーグ優勝を手繰り寄せ、続く全日本大学野球選手権では59年ぶりの日本一にものぼりつめた。その春の活躍は目覚ましく、打率2割7分7厘、4本塁打、7打点を記録し、ベストナインに輝いた。秋のリーグ戦でも2本塁打を放っている。

身長180センチ、体重77キロの恵まれた体格、一発長打を秘めた豪快な打棒、読みの鋭さは、さらなる「伸びしろ」を感じさせた。日本のプロ野球で右打ちの大砲が不足していることを考えると、プロ志望届を提出すればドラフト会議で指名される可能性もあっただろう。勝負強さとスケールの大きさは、ほかの選手にはないものだった。

しかし、山根は大学卒業と同時にバットを置いた。社会人野球でもプレイしていない。数々の栄光に包まれた野球人生は静かに幕を閉じたのだ。

東京六大学を代表するスラッガーは、なぜ野球の世界に別れを告げたのか？

どういうプロセスを経て、勇気ある決断に至ったのか？

まずは、輝かしすぎるほど光を放った山根のキャリアを振り返る。

勝って喜び、負けて悔しがる

野球少年にはいくつかのタイプがある。甲子園やプロ野球が大好きで、歴史やルール、うんちくにも関心があり、ひいきのチームを熱心に追いかけるオタク型。自分がプレイすることが大好きで、ほかの選手の動向が気にならないアスリート型。もちろん、その間の選手群も存在する。

1995年4月、広島県で生まれた山根は、典型的なアスリート型の野球少年だった。地元球団・カープの勝敗は気になったが、まわりの友人たちほどの熱はなかった。プロ野球選手になりたいという夢を持ってはいたものの、憧れの選手はいない。他人がする野球の試合にはあまり関心を持てなかった。

山根は自身の少年時代をこう振り返る。

「中学までは、純粋にプロ野球選手になりたくて、ソフトボールや野球をやっていました。カープが勝てばうれしかったけど、好きな球団も好きな選手もなくて……。野球自体も全然詳しくはなかったですね」

２００７年の夏の甲子園で準優勝した広陵など、広島県勢が勝ち上がった年もあったが、特に印象に残っていない。

「甲子園に出たいという気持ちよりも、いずれはプロ野球へという思いが強かった。縁もゆかりもない浦和学院に進学を決めたのは、一番はじめに誘っていただいたから。そもそも、県外に出たいと思っていました」

保育園の帰り、３歳上の兄が所属し、父親がコーチをつとめるソフトボールチーム「青崎ソフト」が練習する脇で、ボール遊びをしていた。自然な流れでソフトボールを始め、友人たちと熱中することになった。

そこに過剰な厳しさはなかった。勝って喜び、負けて悔しがるという子どもらしい遊びの延長だった。

「小学生のときに全国優勝しましたが、プレッシャーなんかなくて、みんなで楽しみながらプレイして勝っていった感じ。チームメイトはみんな、同じマンションに住んでいて、夕食後に集まって素振《すぶ》りをしていましたね。はじめは兄とふたりだけだったんですが、みんなが次々に来るようになって。自然と集まって、わいわい練習していました。誰かに強制されたわけじゃないのに、毎日バットを振っていましたね。

全国大会に出たときにレベルの高さを感じて、それまでとは違う喜びも味わいました。でも、全国だから特別にすごいとは思わなかった」

素振りは1日も欠かさない

野球好きの父がいつも近くにいたが、スパルタ式の練習を強いることはなかった。

「全然、厳しくなかったですね。ひとつだけ言われたのは、『やると決めたことは毎日やりなさい』ということ。6歳から中学を卒業するまで毎日、1日も欠かさず素振りを続けました。熱があっても、台風が来ても。体調が悪くて気乗りしないときでも、1回振れば、10回振れる。10回振れば、100回振るのは苦でも何でもないですから。高校に入ってからは練習がキツすぎて、その習慣はなくなりましたけど……。

父の教えを守ったことは誇りですよ。子どものとき、野球をするのが嫌だと思ったことはありません。大学に入るまでは」

中学時代には「ヤングひろしま」で、ヤングリーグの全国大会で準優勝。全国の強豪が集まるジャイアンツカップでは、ベスト8に進出している。

「中学でも日本一になりたかったんですが、2位に終わりました。チームのみんなで楽しく野球をやるというのは続いていました。『負けたらどうしよう』と思ったこともないし、プレッシャーもない。中学時代に自信があったのは、ボールを遠くに飛ばすこと。チームメイトが持てないような重いバットを振れましたから」

地元の広島で頭角を現した山根に、意外なところから声がかかった。埼玉県の強豪・浦和学院の森士《もりおさむ》監督の目にとまったのだ。

「当時、大竹寛《おおたけかん》投手（現読売ジャイアンツ）が広島東洋カープにいて、森さんには『大竹の母校だよ』と言われました。野球の情報に詳しくなくて、『そうなんだ』と思ったくらいで。『練習はそんなに厳しくないし、週に1回は近くのイオンに行ったり、映画を見に行ったりしているよ』とも言われました（笑）。僕のいたチームには岡山県より東の高校に行く人はいなくて、その先の情報は何もない。何もわからずに、埼玉に行くことにしました」

浦和学院は1986年夏の甲子園でベスト4に進出した。その後、森監督の徹底した厳しい指導で、埼玉県の強豪として知られるようになった。鈴木健《すずきけん》（元西武ライオンズなど）、清水隆行《しみずたかゆき》（元読売ジャイアンツなど）、木塚敦志《きづかあつし》（元横浜ベイスターズ）など、多数の好選手をプロ野球に送り込んでいる。

「広島から出たかったし、寮生活もしてみたかった。広島に比べれば、埼玉もすごく都会じゃないですか。それまでは関東のチームと試合をすることもなかったし、そこの選手と対戦するのが楽しみでした。そもそも僕は、同じところにいるのが苦手なんです」

浦和学院での練習漬けの日々

15歳の山根は親元を離れて、浦和学院で野球に打ち込むことを決めた。甲子園出場を目指す強豪校の選手に、ショッピングモールや映画館に行く時間など与えられるはずがない。寮に入り、野球漬けの日々がすぐに始まった。

「森監督がとにかく怖くて……でも、上下関係は全然なくて、先輩とも友達みたいに接していました。浦学の練習はむちゃくちゃキツかったです。中学までは自分たちでメニューを考えて自主的に練習していたけど、浦学では時間も本数も全部決められていて、選手の裁量はまったくありませんでした。与えられるメニューをしっかりこなすことで精いっぱい……忍耐、忍耐の日々でした。

でも、僕は量のなかに質があると思っています。練習量をこなさないで、『質が大事だ』と言ってもしょうがないでしょう。どれだけ質のいいスイングを10回しても、500回振るやつのほうが、絶対にうまくなると思いますから」

厳しい監督の指導を受け、猛練習に取り組む毎日だったが、選手は指導者に服従するだけではなかった。指導者と選手が本気で格闘することで強いチームはつくられていく。

「監督は怖かったんですが、それでも歯向かう選手がいました。森監督は『ただ従ってるだけのチームは弱い』と言っていましたね」

中学まで自由な空気のなかで野球を楽しんでいた山根は、「軍隊」とも揶揄《やゆ》されるほど厳しい練習で、たくましさを身につけていった。

「甲子園には4回出ましたが、本当に楽しかった。二年の春のセンバツは、大会前の練習試合でめちゃくちゃ打って、急にレギュラーになったんです。だからなのか、全然緊張しなかった。『いま、全国中継されているんだな』と考える余裕もありました。たくさんの観客のなかでプレイできて、歓声がすごくて、『打ったらヒーローになれるな』と思いながら打席に入りました」

2回戦から五番打者を任された山根は奔放に暴れまわった。夏の甲子園では四番も任された。春と夏の甲子園で6試合戦い、21打数8安打、5打点の活躍を見せた。

埼玉県勢として45年ぶりの日本一

山根の打棒は翌年の甲子園で爆発する。三番に座り、24打数12安打（打率5割！）、10打点を叩《たた》き出した。

「三年の春にキャプテンになって甲子園に出たときは、トーナメントのくじ引きで森監督に『このへんを狙え』と言われたところを引きました。スケジュール的に一番勝ち上がりやすいところで、『うまくいけばいけるんじゃないか』と思いました。チームの雰囲気もよくて、負ける気がしなかった。前の年の大阪桐蔭みたいに、飛び抜けて強いチームがなかったというのもありました」

浦和学院は2回戦から甲子園に登場。土佐（高知）戦では、二年生エースの小島和哉《おじまかずや》が6安打完封。山根の2打点の活躍もあり、4対0で勝利。3回戦は山形中央（山形）に11対1、準々決勝で北照（北海道）に10対0で圧勝している。

準決勝で敦賀気比（福井）に5対1で勝つと、決勝では済美を17対1で降《くだ》して日本一にのぼりつめた。安樂が5試合で772球を投げたことで話題を集めたセンバツの優勝校は、5試合で47点を奪った浦和学院だった。

「決勝で対戦した安樂くんはもう疲れ切っていました。埼玉県勢としては45年ぶりの全国優勝と騒がれましたが、僕は日本一になったことが単純にうれしかった。閉会式でキャプテンが優勝旗を持って1周するとき、意外に重くて驚きました。そんな経験ができる人はなかなかいないので、『浦学に入ってよかったな』と思いました。

甲子園で印象に残っているのは土佐との試合。相手が21世紀枠で、新聞などでの評価は高くなかったんですが、強かったですね。応援の人も多くて、妙なプレッシャーがかかりました。でも、その試合でしっかり戦えたことが、そのあとにつながったんだと思います」

圧倒的な強さで全国優勝を成し遂げた浦和学院には、春夏連覇の期待がかかった。しかし、山根はプレッシャーを感じることはなかった。それは、浦和学院の環境のおかげだった。

「浦学で練習している分には、余計な情報が入ってこないんです。携帯電話も使うことはないし、外出も許可制で、近くのコンビニにシャンプーを買いに行くくらいですから。ついでにいえば、お菓子は禁止でした」

埼玉大会準々決勝で、小島が埼玉平成を相手に完全試合を達成。準決勝で聖望学園に1対0で競り勝ち、決勝で川越東を16対1で降して甲子園出場を決めた。

最後の甲子園でまさかのエラー

4回目の甲子園。1回戦の相手は仙台育英。大舞台でコンスタントに活躍していた山根は、この試合で取り返しのつかないミスを犯した。

1回表に1点を先取した浦和学院だったが、その裏、小島が3被安打、5四死球とふたつの暴投で6点を奪われた。3回表に8点を奪い逆転したものの、6回裏ノーアウト一塁の場面で、センターの山根が悪送球をしてピンチを広げた。ワンアウト二、三塁になると、今度はフライを捕り損ねて、連続エラーで同点に。試合は10対11でサヨナラ負け。優勝候補はミスを重ねて、初戦で姿を消した。

「甲子園で一番緊張したのが、最後の夏です。印象に残っているのは僕のエラーですね。あのフライは、大事にいきすぎて両手で捕りにいって、落球してしまいました。それ以降、自分の左側に飛んできた打球を落としたことはないんですが、あのときだけ……。試合のあとの記憶はありません。試合直後、みんながストレッチしているときに急にお腹が痛くなって、30分ぐらいトイレにいました。3年間張りつめていたものが切れたんでしょうね。

甲子園にはすごい選手がたくさんいました。大阪桐蔭の藤浪さんとか、森友哉《もりともや》くん（現埼玉西武ライオンズ）とか。でも、かなわないなと思った選手はいません」

最後にミスを犯したものの、山根は甲子園で通算打率4割0分8厘、16打点という成績を残した。スラッガーとしての可能性を示すに十分な活躍だった。

そんな山根が次の戦場として選んだのは、東京六大学だった。

「もし『どうしても』という思いがあれば、育成ドラフトでも行ったと思います。あのとき、もうプロ野球という選択肢が自分のなかにはなくなっていたんでしょうね。実際、プロから話があるとは聞いていませんでしたし」

全国優勝したチームのキャプテン――このことがその後の自分を苦しめることになるとは、山根は想像もしていなかった。

常にレギュラーだった男がぶつかった壁

昔から、どんな相手でも互角以上に渡り合う自信があった。高校も大学も、野球の技量と実績を認められて、進路が決まった。

立教大学野球部は東京六大学の名門のひとつだが、1999年を最後にリーグ優勝から遠ざかっていた。しかし、アスリート選抜入試という制度が導入されて以降、甲子園で活躍した選手たちが入部するようになった。2011年に甲子園春夏連覇を果たした興南（沖縄）から大《おお》城滉二《しろこうじ》、大阪桐蔭の2012年春夏優勝メンバーの澤田圭佑《さわだけいすけ》（いずれも現オリックス・バファローズ）、報徳学園（兵庫）時代に一年生エースとして甲子園を沸かせた田村伊知郎《たむらいちろう》（現埼玉西武ライオンズ）などがいた。

「立教大学は自由な雰囲気があって、上下関係もありませんでした。先輩を『まっちゃん』と呼ぶような。浦学で1学年上だった佐藤拓也《さとうたくや》さんには、『外野手がいないから、一年生から試合に出るチャンスはあるよ』と言われたのですが……」

山根は小学生のときから、年上の選手に交じってプレイするのが当たり前だった。小学三、四年生で六年生のチームに入り、中軸を打っていた。中学でも、高校でも、入学してすぐにベンチ入りし、出番をもらった。しかし、大学では思うような結果が残せない。そのうえに、「甲子園優勝チームのキャプテン」の重圧がのしかかってきた。

大学で初めてこう思った。

「全然通用しないかもしれない」

自由な校風の立教大学だから、ライバルであるはずの上級生も目をかけてくれた。「頑張れよ」と声をかけてくれる人もいた。しかし、山根のバットから快音が聞かれることはなかった。

「金属バットから木製に変わった影響はありませんでした。高校時代は練習で竹バットを使っていたので。でも、それまでのように打てなくて……ずっと歯がゆい思いをしていました」

それでも期待の新人だけにチャンスは巡ってくる。一年春のリーグ戦からベンチに入ったものの、結果は残せなかった。

一年春は2打数1安打。
一年秋は5打数1安打
二年春は2打数0安打。
二年秋は11打数0安打。
三年春は2打数0安打。
三年秋は出場機会なし。

3年間で22打数2安打、打率は1割にも満たなかった。

「甲子園優勝チームのキャプテンということで、期待度が相当上がっていましたね。でも、もともと僕の能力が飛び抜けていたわけではありません。野球は個人競技じゃない。あの大会では、エースの小島が抑えて、みんなが打ったから勝てたわけです。たまたま僕がキャプテンだったというだけなのに……ハードルが上がり切っていて、膨れ上がった期待に応えようと、もがきにもがいた3年間でした」

鳴り物入りで入学してきただけに、成績を残せなければ肩身は狭い。風当たりは強くなり、自分を誹謗中傷《ひぼうちゅうしょう》する「声なき声」が聞こえてきた。

「ちょっと打てないと『あの山根はダメだ』となりますよね。『インターネットでこんなこと書いてあるの見つけたよ』とわざわざ教えてくる人もいました。そういうのがうざったかったし、悔しかった」

山根に期待したのは関係者だけではない。当然、両親は高校時代と同じような活躍を求めていた。

「そんなときに思っちゃったんですよね。『何のために、誰のために野球をやってるんだろう』って」

仲間とただ楽しくプレイした先にいつも勝利があった。だからこそ、厳しい練習も苦にならなかった。ずっと目の前の試合に勝つことだけを考えていたのに。

「状況を変えないと……打たなきゃ……と、そればかりでした。力が入れば入るほどうまくいかなくなる。完全に負のスパイラルにはまってしまいました。肩の手術をしたのも、自分を変えるためでした」

かつて神宮球場で放った2本のヒットについても、ほとんど記憶にない。

「大学に入った段階で、もうプロになりたいという気持ちは完全になくなっていて、『社会人野球で5年間くらいプレイできたらいいな』くらいのことを漠然と考えていました。そのためには結果を残さないと……という気持ちがありました」

悩みに悩んだ末に、山根はひとつの結論にたどりついた。

「大学で野球をやめよう」

そう決意したのだ。

打てなくてもいい、結果が出なくても関係ない

それから、まわりの評価は一切気にならなくなった。もう「何かのために」野球をする必要はない。あと1年、大好きな野球をやり切ろう。

気持ちが固まった瞬間に、肩が軽くなった。

「昔みたいに思い切ってバットを振れるようになったのは、それからですね。もう打てても打てなくてもいい。結果を出せなくても関係ない。試合を楽しもうと思えました」

四年生の春、山根は変わった。

チャンスで試合の流れを変える一発を放ち、1999年以来ずっと優勝から遠ざかっていたチームに勢いをつけた。山根が放った4本のホームランのうち、1本でも不発に終わっていたら、立教大学の今世紀初めての優勝はなかったかもしれない。

「あのシーズンは本当に気持ちよかった。技術的にはそれまでと何も変わっていません。違ったのは気持ちだけです」

もちろん、レベルの高い東京六大学のピッチャーを相手に、気持ちだけで打てるはずがない。もともと備わっていた「体」と「技」に、最後に「心」が追いついたのだ。

打った瞬間に「それ」とわかる山根のホームランは、彼の長距離砲としての可能性をアピールするのに十分なものだった。相手の戦意を喪失させる破壊力があった。

それまで「あと1勝」で逃し続けていた立教大学の優勝に、地元の池袋は沸いた。東京六大学王者として臨んだ全日本大学野球選手権で、各地の代表を撃破して59年ぶりの日本一に輝いたことで騒ぎはさらに大きくなった。

向上心もなしに野球は続けない

当然、山根を見るまわりの目は大きく変化した。ところが、本人は浮かれることもなく、自己評価も変えなかった。「大学で野球をやめる」という決意は少しも揺るがなかった。

「プロ野球でやってやろうという色気は全然なかったですね。もしプロに入ったとしても、長くは活躍できないだろうと客観的に自分を見ていました。立教大学の1年先輩の田中和基《たなかかずき》さん（現東北楽天ゴールデンイーグルス）くらいの身体能力があったら、『プロに行く』と言ったかもしれません。僕は足がそこまで速くないし、肩も強くない。四年のシーズンにちょっと打っただけ。それで『プロだ、プロだ』って騒ぐほうがおかしい。まわりの人のなかには『可能性をあきらめるな』と言ってくれる人もいましたけど、その人がその後の人生を保証してくれるわけでもない。

和基さんは大学で結果を残さなかったとしても、プロに求められた選手だと思います。足は速いし、驚くほど肩は強いし、当たればどこまでも打球が飛んでいく。そういう人がプロに行くんだと思います」

山根は誰より冷静だった。

「それほど身体能力の高くない僕が、たまたま成績を残しただけで、勘違いしちゃいけない。親は野球をやめないほうがいいと言っていましたが、僕の気持ちは変わりませんでした」

もしプロ野球の球団からドラフト会議で指名されれば、1位なら契約金は1億円、3位、4位指名でも5000万円は下らない。山根と立教大学の同期で、阪神タイガースに3位指名された熊谷敬宥《くまがいたかひろ》の契約金は6000万円、東京大学のエースで、北海道日本ハムファイターズから7位指名を受けた宮台康平《みやだいこうへい》の契約金は2500万円と報道されている。

プロ野球選手はもちろん、金銭的に恵まれている。活躍次第でさらに知名度が上がり、人脈もできる。もし大成できなくても得るものがあるはずだ。

「僕のまわりにも『契約金をもらえるんだから、プロでやってみれば』と言う人もいました。でも、僕はその何年間かをムダにするのが嫌だったんです。3年でクビになるとして、3年間を空っぽの状態で野球をやっても仕方がない。野球に対する向上心もないのに、お金のために過ごすことはできない。お金持ちになれなくてもいいんです。明日死んじゃうかもしれないのに、本当に自分がやりたいこと以外はやりたくない」

プロ野球を目指さないとしても、社会人で野球を続けるという選択肢もあったはずだ。さらに高いレベルで揉まれることで、気持ちが変わる可能性もある。

「大学で4年間プレイしているうちに、プロに行く気がない人間が社会人で野球をやるのはどうかと思うようになりました。プロを目指す気持ちがないのに、野球を続ける……『とりあえず社会人で』とは思いませんでした」

ずっといた野球の世界から飛び出す

山根は、子どものころからずっと打ち込んできた野球をやめる決断をしたことで、最高の1年を送ることができた。もう思い残すことはない。

野球エリートとしてど真ん中を歩いてきた男は、大学を卒業したあと、何を職業に選んだのか。

「いまは、個人オーダーのスーツの販売をしています。もともとスーツの仕事をしたいという気持ちがあったので。採寸して生地を選んでもらって、その人に合ったスーツをつくっています。お客さんにはプロ野球選手も、普通のビジネスマンもいます。単価自体は高くありません。店舗は持たず、直接オーダーをいただいています」

それまで関わってきた野球の世界とは何もかも違う。経験のない世界になぜ飛び込んだのか。

「もともとスーツに興味があったというのが一番です。この仕事であれば、業種を問わず、さまざまな人と知り合うことができる。年齢も職業も立場も違う、いろいろな世界の人の話が聞ける。社長さんもいれば、新入社員もいますから。

僕は、同じ場所で同じことをするのが、あんまり好きじゃないんですよね。それまでずっといた野球の世界を出たいという思いが強かった。大学に入ったときには海外留学もしてみたいと思っていました」

野球で名を残したことで、できないことがたくさんあった。そこから離れたことによって、別の何かが見えてくるかもしれない。

「これまでやりたいことがあっても、野球があってできなかった。野球を存分にやれたことは幸せでしたが、制限された部分があったのも事実。だからこそ、野球の世界から出たかった。プロ野球を目指さないのなら、野球は終わり。野球とは別の世界でやりたいことがたくさんあります。大学まで野球を続けて、『やり切った』という思いが強いですね」

山根の野球の実力や実績を知る者は、みな口をそろえて「もったいない」と言う。立教大学野球部OBとして、18年ぶりのリーグ優勝、59年ぶりの日本一に貢献する山根の姿を見た私もそう思う。

しかし、山根は過去を振り返るつもりはない。

「まだ新しい世界で実績を残していないので、『もったいない』とか『野球を続ければよかったのに』と言われますが、10年後に成果を出していれば、そうは言われないはずです。何年後かに『野球を続ければよかったな』とは思わない自信が自分にはあります。まずはオーダースーツの仕事をものにして、独立したいと思っています」

野球人生にはひと区切りをつけた。これからは野球とどう付き合っていくのだろうか。

「基本的に草野球はやらないと決めています。よっぽどのことがない限り、いったんは野球と距離を置きます。でも、野球をやってきたことが僕の武器であることは間違いありません。野球を捨てたわけではありませんから」

高校、大学と濃い野球人生を送ってきた山根の前に、どんな困難が待っているかはわからない。これまでの経験値ではうまく対処できないこともあるかもしれない。しかし、山根はそれを楽しむつもりでいる。

いまを懸命に生きることでしか未来はつくれない。

野球に打ち込んできた23歳の元球児は、誰よりもそのことをよく知っている。

第二章

杉浦正則

世界の頂点を目指した
〝ミスター・オリンピック〟

PROFILE

杉浦正則

（すぎうら・まさのり）

1968年、和歌山県生まれ。右投げ右打ち。1987年に同志社大学に入学し、エースとして活躍。四年秋にリーグ優勝を果たし、明治神宮大会で日本一に輝く。関西学生野球リーグの通算成績は23勝14敗。卒業後、日本生命に入社し、2度の都市対抗野球大会優勝に導く。また、1992年のバルセロナから、アトランタ、シドニーと、3大会連続で全日本代表としてオリンピックの舞台に立ち、通算5勝を挙げる。現役引退後は日本生命のコーチ、監督などをつとめた。

1990年度 第26回ドラフト会議 主な指名選手

1位【投】	岡林洋一（専修大→ヤクルトスワローズ）
1位【投】	長谷川滋利（立命館大→オリックス・ブレーブス）
1位【投】	小池秀郎（亜細亜大→ロッテオリオンズ拒否→のちに近鉄バファローズ）
1位【内】	元木大介（上宮高・卒→読売ジャイアンツ）
2位【捕】	関川浩一（駒澤大→阪神タイガース）
2位【内】	奈良原浩（青山学院大→西武ライオンズ）
3位【投】	高津臣吾（亜細亜大→ヤクルトスワローズ）
4位【外】	鈴木尚典（横浜高→横浜大洋ホエールズ）
4位【投】	下柳剛（新日鐵君津→福岡ダイエーホークス）
6位【外】	村松有人（星稜高→福岡ダイエーホークス）

［シドニー五輪アジア予選　日本ー中国］　先発登板して勝利をもたらす／提供：産経ビジュアル

誰もが認めるアマチュア球界のエース

プロ野球選手になればオリンピックに出られなくなる。そんな時代が長く続いていた。野球がオリンピックで公開競技として採用されたのが、1984年のロサンゼルス大会。1996年のアトランタ大会までは、社会人と大学野球の選手で結成された「全日本代表」がオリンピックの舞台に立っていた。当時はプロ選手の出場が制限されており、当然、日本のプロ野球球団に属する選手には、大会出場資格が与えられていなかった。

そのため、プロ野球に進むのは、オリンピックをあきらめるということと同義だった。アマチュア球界の精鋭で構成される全日本メンバーに、プロ選手に負けないほどの実力が備わっていることは誰もが認めていた。オリンピックのベンチ入りは20~24人、毎年ドラフト会議で指名されるのは100人弱。プロ野球選手になるよりも、全日本に入るほうが難しいともいえた。

ロサンゼルス大会で金メダルを獲得したメンバーのうち、伊東昭光《いとうあきみつ》（本田技研→ヤクルトスワローズ）、正田耕三《しょうだこうぞう》（新日鐵広畑→広島東洋カープ）、広沢克己《ひろさわかつみ》（明治大→ヤクルトスワローズ）、和田豊《わだゆたか》（日本大→阪神タイガース）らがプロ入りした。
準優勝したソウル大会のメンバーには、野茂英雄（新日鐵堺→近鉄バファローズ）、潮崎哲也《しおざきてつや》（松下電器→西武ライオンズ）、古田敦也（トヨタ自動車→ヤクルトスワローズ）、野村謙二郎《のむらけんじろう》（駒澤大→広島東洋カープ）など、実力者が名を連ねていた。

金メダル獲得が期待される「全日本メンバー＝ドラフトの目玉」という認識が、プロにも社会人・大学側にもあった。しかし、ドラフトのたびに有力選手をプロに取られていては、チームが組めない。そのため「ドラフト指名凍結選手」という制度がつくられ、核となる選手の指名は回避された。

バルセロナ大会からシドニー大会まで、３大会連続でオリンピックに出場した杉浦正則は、１９６８年5月、和歌山県で生まれた。橋本高校（和歌山）時代に甲子園出場経験はないものの、名門・同志社大学のエースとして関西学生野球リーグで通算23勝を挙げ、１９９０年秋の明治神宮大会で日本一に輝いた。大学卒業後、社会人野球の名門・日本生命に進み、チームのエースとして、全日本のエースとして投げ続けた。

オリンピックかプロ野球か——第一線で活躍している間、ずっとその去就が注目されたピッチャーだった。しかし、「プロでも確実に二ケタ勝利できる」と評価された男は、一度もプロのマウンドに立つことなく、ユニフォームを脱いだ。「ミスターアマチュア野球」と言われたままで。

オリンピックはアマチュア選手のもの

「どうしてプロ野球に行かなかったんですか」

杉浦はどれだけこの質問を受けただろうか。

１９８０年代から１９９０年代にかけて最強を誇ったキューバ打線を相手に、真っ向勝負を繰り広げた杉浦の実力を疑う者はいない。杉浦と同じ１９６８年生まれの野球人には、野茂英雄（近鉄バファローズ→ロサンゼルス・ドジャースなど）、長谷川滋利《はせがわしげとし》（オリックス・ブルーウェーブ→アナハイム・エンゼルスなど）や高津臣吾《たかつしんご》（ヤクルトスワローズ→シカゴ・ホワイトソックスなど）といった、日本球界とメジャーリーグの両方で活躍したピッチャーがたくさんいる。そんな選手たちも一目《いちもく》置いていたのが杉浦だった。

プロ野球を選ぶことなく、杉浦が最後まで社会人野球でプレイしたのは、心の真ん中にオリンピックがあったからだ。

社会人野球でプレイする選手の代表として、日本のアマチュア球界のために世界の舞台で勝たなければならなかった。杉浦はプライドと責任を抱えながら、全日本のエースとして戦い続けた。

「こういう形でよく取り上げていただきますが、特別な人生を歩んできたとは思っていません」

と杉浦は言う。

「タイミングとか縁とか、そういうものもあって、プロに行かなかった。もともと、プロ野球選手がオリンピックに立てるというルールであったら、また違った選択をした可能性もあります」

２０００年のシドニー大会でプロ解禁となり、日本のプロ野球選手がオリンピックで日の丸を背負うことになった。現在、オリンピックやＷＢＣ（ワールド・ベースボール・クラシック）に出場する「侍ジャパン」は、ＮＰＢ（日本野球機構）所属のプロ野球選手で構成されている。社会人や大学生が出場できないわけではないが、アマチュア選手が選ばれる可能性は限りなく低い。

「僕がプロ野球に行かなかったのは、『オリンピックにはアマチュア選手しか出られなかった』ということが大きな理由です」

私は1995年のアジア大会に臨む杉浦にインタビューをしたことがあるが、そのとき、国際大会への思いをこう語っていた。

「海外の球審はストライク・ボールの判定が曖昧《あいまい》なので、いざとなったら僕は『打てるものなら打ってみい』と真ん中に投げます。打たれたときにはとことんまで飛んでいくけど、空振りさせたら気持ちいい。力と力の対決に勝つのはピッチャーの快感ですね。僕の目標はファイナルでキューバを倒すことです」

チーム内の温度差こそが敵

社会人、大学の精鋭を集めた全日本は、世界でもトップクラスの実力を誇っていた。しかし、優秀な選手を集めれば勝てるというほど、野球というスポーツは簡単なものではない。各チームの主力がそろうからこそ、チームづくりには困難がつきまとった。

杉浦が24歳で初めて出場したバルセロナ大会のメンバーには、伊藤智仁《いとうともひと》（三菱自動車京都→ヤクルトスワローズ）や小桧山雅仁《こひやままさひと》（日本石油→横浜ベイスターズ）、小久保裕紀《こくぼひろき》（青山学院大→福岡ダイエーホークス）など、大会終了後のドラフト会議で上位指名される選手たちが並んでいた。

28歳で臨んだアトランタ大会のメンバーのなかには、福留孝介《ふくどめこうすけ》（日本生命→中日ドラゴンズ）、松中信彦《まつなかのぶひこ》（新日鐵君津→福岡ダイエーホークス）、井口資仁《いぐちただひと》（青山学院大→福岡ダイエーホークス）など、のちにプロ野球でさまざまな記録を残す選手がいた。

「バルセロナ大会のときは、小久保以外は全員、社会人の選手だったので、チームとしての温度差を感じることはありませんでした。でも、アトランタのときは大学生が多く、チームづくりという面では苦労しました。社会人の選手は一発勝負に慣れていて、オリンピックにかける思いも強かった。そこが大学生と違ったところです。

もちろん、全員が活躍できればいいんですけど、なかなかそういうわけにはいかない。調子のいい選手もいれば、悪い選手もいる。だから、チーム内に温度差があると危ない」

その秋にプロ入りを目指す選手にとって、オリンピックはアピールの場だった。だが、プロという選択肢を捨てオリンピックにすべてをかける社会人選手にとっては、野球人生の集大成となる。その差が大会の準備期間中にどんどん大きくなっていった。

「バルセロナを経験していたのは僕だけでしたが、チームには僕よりも年上の選手がいたので、思いの丈を若い選手にぶつけてもらいました。この大会をプロへのステップと考える選手が規律を守らなかったときには、ミーティングで厳しい言葉も飛びました。『オリンピックで勝ちたいという思いがないやつは帰れ。11人になっても、10人になっても、戦うから』と。社会人の選手にとっては、バルセロナのあと4年間かけてつくってきたチームでしたから、特別な思いがありました」

オリンピックから羽ばたいた選手たち

若手とベテランでは10近い年齢差がある。野球人として育ってきた環境も違えば、設定したゴールもそれぞれだ。だからこそ、思いは言葉にしなければ共有できない。

「そのときに言いたいことをぶつけて、少しずつチームが変わっていったという感じがします。最後には、若い選手も思いをわかってくれました」

予選リーグの2戦目でキューバに競り負け、アメリカ、オーストラリアにも敗れて1勝3敗まで追い込まれた日本。そこから盛り返して4勝3敗の3位で予選リーグを勝ち上がり、準決勝でアメリカを11対2で降して決勝進出を決めた。

キューバとの決勝戦のマウンドに上がったのが杉浦だった。しかし、初回に3点、2回にも

3点を失い、降板。四番・松中の満塁ホームランで追い上げたものの、9対13で敗れた。

「銅メダルに終わったバルセロナのときは、自分のことで精いっぱいでした。あの大会が終わってから『どうして銅メダルに終わったのか』を考えて、チームをまとめるように心がけました。誰かが誰かをカバーして戦うのがチームというものですから。

アトランタ大会の監督だった川島勝司《かわしまかつじ》さんは、選手に考えさせる方でした。1勝3敗と追い込まれたところから、やっとチームがひとつになりました。僕たちにあったのは勝ちたいという気持ちだけ」

キューバ打線の破壊力はすさまじかった。金属バットから弾かれた打球は軽々とスタンドまで飛んでいく。彼らのパワーとスピードにまたしても屈してしまった。だが、杉浦は決勝戦でチームとしての成長を感じていた。

「僕が2回で6点も取られてしまいましたから……。キューバのバッターはそれまでとは集中力が全然違っていて、日本が追い上げたらまた突き放す。彼らの強さを感じた試合でした。松中や谷佳知《たによしとも》(三菱自動車岡崎→オリックス・ブルーウェーブ)といった、その後プロに行った選手が頑張ってくれたことがうれしかった。試合には負けましたが、日の丸を持ってみんなでスタジアムを走ったことが印象に残っています」

ベテラン選手に大目玉を食らった若い選手たちはオリンピックで何かをつかんだはずだ。井口、福留はメジャーリーグでも活躍し、日米通算2000安打を放った。松中は2004年に三冠王を獲得している。

「福留はまだ現役でプレイしています。井口をはじめ、監督やコーチとして指導者になった人もいる。後輩たちに目標とされ、尊敬される人間になったことを、同じ仲間としてうれしく思います」

4年に一度の「また行きたくなるところ」

もし杉浦のプロ入りに適したタイミングがあったとするならば、バルセロナ大会のあと、24歳のときだったかもしれない。

「でも、そのときはひじを痛めていて、痛み止めを打ちながら投げていました。バルセロナで銅メダルに終わったので、『金メダルを獲りたい』という思いが強くて、アトランタにかけました。そのあとは、もう28歳になっていたので、プロは年齢的に難しいと思っていました」

しかし1997年、意外なところから誘いの声がかかった。ニューヨーク・メッツの監督をつとめていたボビー・バレンタインからラブコールが届いたのだ。

「海外にも興味はありました。全力で投げて、全力で打つという野球に。でも、メジャーリーグに行きたいとは思いませんでした」

もちろん、日本のプロ野球も黙ってはいない。杉浦の実力を高く評価する球団から誘いがかかった。スカウトから白紙の小切手を渡されたことがある。「お金はいくらでも払うから来てほしい」という意思表明だったのだろう。

「白紙の小切手は、『杉浦くんは社会人だからお金の価値はわかっているよね』という言葉と一緒に（笑）。そのくらい熱く誘っていただきました。初めてプロのスカウトの人に会ったのが、そのとき。もし話を聞いて気持ちが五分五分になったら、プロに行っていたと思います。でも、もう一度オリンピックを目指すか、プロに行くかと考えたとき、やっぱりオリンピックのほうが重かった。あれが最後の選択でしたね。

自分がどんな評価をされているのかは気になりました。野球選手として、28歳はもう若くない。野球以外の部分を評価していただいたことはうれしかった。チームにプラスになる存在だと言っていただきましたから」

結局、杉浦はプロには行かなかった。社会人に残ってプレイして、3度目のオリンピックを目指すことに決めた。

「オリンピックは一度出たら、また行きたくなるところです。野球ファン以外の方にも応援してもらえます。アトランタから帰ったとき、『おめでとう』と言われるかと思ったら、みなさんからいただいた言葉は『ありがとう』だったんです。僕たちは感動を与えるためにプレイしているわけではありませんが、一生懸命にやったことでそう言ってもらえることはうれしかった。プレッシャーはほかの大会とは比べものになりません。それでも、『もう1回！』と思いました」

オリンピックは4年に一度しか開催されない。実力のある選手でも出場できないケースはいくらでもある。28歳の選手が4年間、コンディションを維持するだけでも大変だ。それでも杉浦はシドニー大会を目指した。

プロアマ合同で選考漏れか？

杉浦が最後のオリンピックと考えていたシドニー大会だが、アジア予選の前にチームの編成方法が変更になった。プロ野球選手の出場が解禁になり、これまでアマチュアの聖域だったオリンピックの代表チームは、大学、社会人のものではなくなったのだ。

1999年9月に韓国で行われたシドニー大会のアジア地区予選には、松坂大輔《まつざかだいすけ》（当時西武ライオンズ）、古田敦也、野村謙二郎などが出場している。

「ずっとオリンピックを目標にしてきた社会人の選手からすれば、『えーっ』という感じでした。プロアマ合同チームでオリンピックに出るということに関して、複雑な気持ちはありました」

そんななかで、アジア予選でマスクをかぶった古田は頼もしい存在だった。社会人のトヨタ自動車出身だけに、オリンピックの重みも理解している。「古田がいれば」という思いが、プロ側にもアマチュア側にもあった。

「代表選考にあたって、古田さんがチームの精神的支柱になるだろう。そうなれば、もう杉浦は必要ないんじゃないかという声が聞こえてきました。新聞に、『杉浦は選考漏れか』という記事が載りました」

オリンピックのために、日の丸のためにという思いは誰よりも強い。そういう自負が杉浦にはあった。しかし、最後と決めたシドニー大会の出場が危うくなった。

「バドミントンの元日本代表でスポーツキャスターの陣内貴美子《じんないきみこ》さんに取材してもらったとき、『代表に選ばれるように頑張ります』と言ってしまって、怒られたことがありました。『何を言ってるの？　選ばれるのは当たり前で、代表にふさわしいチームをつくるのがあなたの役割じゃないの』と。それ以降、そういう気持ちでずっとチームに携わってきたので、代表から漏れそうだと聞いたときにはショックでした……実力の世界なので仕方がないとも思っていましたが」

何のためにここまで戦ってきたのだろうか。杉浦のなかには虚無感のようなものがあった。

出場辞退を踏みとどまらせた1本の電話

代表選考は最後まで難航した。パ・リーグの球団からはひとりずつ。セ・リーグからは河野《かわの》昌人《まさと》（当時広島東洋カープ）と鈴木郁洋《すずきふみひろ》（当時中日ドラゴンズ）だけが選出された。プロ選手8人、社会人11人、大学生5人という24人の代表メンバーが決まった。そのなかに古田はおらず、杉浦の名前があった。

「いろいろあった末に、代表に選ばれることになりました。ただ、一度切れてしまった気持ちはなかなか元に戻らなくて、嫁に『辞退しようかな』と話をしました。その夜、電話がかかってこなければ、どうなっていたのか……」

電話の主は、同志社大学の2年後輩、スワローズの遊撃手として活躍していた宮本慎也《みやもとしんや》だった。

「宮本から代表入りを祝う電話がかかってきたのですが、『辞退しようかと思う』とポロッと言ってしまったんです。そうしたら、『何言ってるんですか』と怒られて……。『何のためにプロにも行かずにアマチュアで頑張ってきたんですか』と。宮本には『胸を張ってオリンピックに出て、金メダルを見せてください』と言われました」

もし、後輩からの電話がなければ、本当に辞退していたかもしれない。問われれば、代表選考に関する複雑な思いを口にした可能性は高い。杉浦はそれを飲み込んで、再び代表のユニフォームを着ることに決めた。

「代表選考が決まったら、日本選手団の主将をしてくれという話が来ました。数日前には代表漏れの記事で落ち込んで、選ばれたあとも辞退を考えていたのに（笑）」

杉浦はずっと身につけていた背番号19をつけて、代表チームの先頭に立つことになった。

「そのおかげでいろいろと経験させてもらって、いまだに街で声をかけられたりします。ありがたいなと思いますね」

〝精神的支柱〟としての真価

それまでオリンピックに出場した代表は、4年がかりでチームをつくってきた。年間、何十日にも及ぶ合宿を行い、強化を図った。しかし、このプロアマ合同チームは一度も合宿を行うことなく、本番に臨むことになった。さらには、大会期間中の宿泊先も違い、一体感を醸成することが難しかった。

そんなチームだったからこそ、杉浦の真価が問われることになった。

「プロ野球シーズンの真っ最中だったので、合同合宿は開催されず。練習を通じてお互いを知ることも、意思の疎通を図ることも、うまくできなかった。助かったのは、プロ選手のなかに社会人出身の選手やオリンピック経験者がいたこと。プロはプロで集まって『アマチュアの選手はこういう思いでプレイしている』と話してくれたようです。

少なくとも僕は、うまくコミュニケーションがとれたと思っていますが、若い選手まで思いが届いていたかどうか……。当時、中央大学の学生だった阿部慎之助《あべしんのすけ》（現読売ジャイアンツ）がメンバーにいて、準決勝で最後のバッターになりました。オリンピックでの悔しい経験が彼を育てた部分もあるのかなと思っています」

　プロのピッチャー陣をまとめてくれたのが、新王子製紙春日井出身の黒木知宏《くろきともひろ》（当時千葉ロッテマリーンズ）だった。

「彼がいい役割を果たしてくれました。プロもアマも関係なく、チームの決まりごとは、みんな守ってくれました。高校野球みたいにガッツポーズで盛り上がろうと決めて、最初にしたのが田中幸雄さんでした。あのおとなしい田中さんがやってくれたので、盛り上がりました。中村紀洋《なかむらのりひろ》（当時近鉄バファローズ）も『オリンピックには戦いに来た』と言ってくれました。金髪でしたけど（笑）」

　初戦のアメリカ戦は延長13回でサヨナラ負け。韓国とキューバに敗れたものの、4位で予選リーグ突破を決めた。急ごしらえのチームだったが、戦うごとに結束は強くなっていった。全員のあきらめない気持ちがチームを準決勝に導いた。

　しかし、準決勝でキューバに0対3で敗れ、3位決定戦でも韓国に1対3で競り負けた。杉浦は最後のオリンピックでメダルを獲得することができなかった。

「中村に関して覚えているのは、『3位決定戦は、勝った状態で杉浦さんをマウンドに上げますから。全員で監督に直訴に行きます』と言ってくれたこと。あれは、うれしかったですね」

シドニー大会で杉浦は2試合、4イニングを投げ、南アフリカ戦で勝利投手になった。

「プロアマの合同チームということで注目度も高かったので、プロの選手もプレッシャーを感じていたでしょうね。アマチュアは普段から一発勝負のトーナメントで慣れています。力の入れっぱなしもダメで、オンとオフをつくらなきゃいけない。

短期決戦ではあまりデータが当てにならない。個人個人が持っている勝負勘が大事だと思います。データはプラスにもマイナスにも働きますからね。1打席1打席、1球1球に対応しなくちゃいけない。落ち込んでいる暇はありません。すぐに切り替えて次に対応できるのがいい選手の条件ですね。考え込む選手は一発勝負では使えないんで」

一緒に戦ったからこそ、プロのすごみを知ることができた。

「アジア予選で野村謙二郎さんとプレイしましたが、自分の体を知っていましたね。全員でウォーミングアップする前に球場に入って、体のケアをしていました。本大会でメンバーに入った田口壮《たぐちそう》（当時オリックス・ブルーウェーブ）の姿勢には驚きました。レフトを守っていた田口は、ファウルフライでも全力で走って捕りにいく。『どうしてそんなにしんどいことするの？』と聞いたら、『突風で打球が戻ってきたら後悔しますから』と言う。やっぱりプロだなと思いました」

「向かっていく気持ち」を武器にして

杉浦はオリンピック3大会に出場して、銀メダルと銅メダルを獲得した。11試合に登板して、5勝を挙げた。オリンピックのあった2000年シーズンを最後に、32歳で現役を引退した。

「最後と決めたオリンピックが終わって、自分のなかに目標がなくなってしまいました。後悔は誰にもあるものだと思いますが、僕は後悔のない決断をさせてもらいました」

180センチ、80キロの体は、ピッチャーとしては大きくはない。150キロを超えるスピードボールも、野茂のような魔球も、持ってはいなかった。それなのに、なぜ世界の強打者と互角以上に戦うことができたのか。

「向かっていく気持ちだけは誰にも負けなかったと思います。昔は金属バットでしたし、外国のバッターはパワーがすごいので、どうしてもピッチャーは気後れしてしまう。逆に、ぶつけるくらいの気持ちで向かっていかないと。アウトコースじゃなくて、インコースを攻める。インコースを投げるようになると、コントロールはよくなっていきます。

最近は、バッターの手元で動くボールを投げるピッチャーが多くなりましたが、コントロールがアバウトではダメ。自分が思ったところに投げるコントロールが大事です。バッターを『振らせるボール』も有効ですが、攻めるボールもないと」

金属バットを持った強打者が相手でも、杉浦は小気味よく投げ込んでいく。コントロールとテンポのよさがセールスポイントだったが、勝利を手繰り寄せたのは気持ちを込めたストレートだった。杉浦より速いボールを投げる剛腕はいても、彼ほど相手から嫌がられたピッチャーはいない。静かな闘志が敵をひるませた。

世界中の野球を見ると、圧倒的なパワーを誇るアメリカ、キューバのほか、近年はヨーロッパのチームも強くなっている。もちろん、韓国や台湾の選手も侮れない。

「アジアの選手のなかにもリーチの長い選手がいます。アウトコースで勝負するときも、その前にインコースを厳しく突く必要があります。ストレートでなくて、変化球でもいい。失敗してもいいから、どんどん攻めてほしい。

世界と比較すると、日本の野球はどうしても勝負が遅い。ピッチャーは慎重になりすぎて、球数を使ってしまう。外国のバッターはどんどん振りにきますから、追い込んでからもストライクで勝負する、三球勝負でいい。アウトコースの低めに投げれば大丈夫という考えが危ない。インコースを攻めるハートが大事なんです」

どれだけ自信のあるピッチャーでも打たれるのは怖い。怖さを感じながらも攻め込むことができるかどうか。そこに、超一流と一流の違いが生まれる。

「度胸が大事だと言い続けると、投げっぷりがよくなってきます。そんなピッチャーがひとり出ると、チームも変化していきますね。うつむいているピッチャーとガンガン攻めるピッチャーとでは、守っている選手の気持ちも違いますから」

選手が変わる瞬間のために

2000年に現役を引退した杉浦は日本生命野球部のコーチになり、指導者として歩み始めた。

「コーチを4年間やらせてもらいました。自分の引き出しをどれだけ増やせるかと思って勉強しました。最初はどうしていいのかわからず……僕が選手のところまで降りていくと、選手はもっと下にいってしまう。感覚でものを言うと、『杉浦さんだからできるんでしょ』と思われる。迷いに迷い、悩みに悩んでいるところに、かつて阪神タイガースで活躍された山本和行《やまもとかずゆき》さんがチームに来られて。選手の指導を横で見させていただきながら、『こういう考えでいいんでしょうか』と聞きました。自分の理論を認めてもらったことで自信がつきました。山本さんの考えも参考にさせていただいて、教えるということがどういうことなのか、やっと見えてきました」

その後、2006年に日本生命の監督に就任し、チームを日本選手権準優勝に導いた。2009年限りで監督を退任。2015年に社会人野球日本代表投手コーチに就任し、後進の指導にあたっている。

「選手に教えるのは楽しいですね。悩んでいる表情がパッと変わるときがあります。そんなときは、『わかってくれたんだ!』と思います。その瞬間が一番楽しい」

アマチュア選手のモチベーションとは?

2020年の東京オリンピックで正式競技として復活した野球だが、現実的には「侍ジャパン」はプロ野球選手のもの。「オリンピックでプレイすること」は、いまの社会人選手のモチベーションになりえない。

21世紀に入ってから、社会人チームの休部・廃部も珍しくなくなった。最盛期に200を超える企業チームがあったが、現在は90程度しかない。

「もっと昔みたいに盛り上がってほしいなと思いますね。マスメディアとかに取り上げられて、選手たちがやりがいを感じてくれたら一番いい。プロとアマチュアの垣根がなくなって、プロ野球を引退した選手が社会人のチームでプレイすることが多くなっています。技術の高い選手が加わることはレベルアップにつながりますが、若い選手の活躍の場が少なくなるという現実があります。そのあたりは、複雑ですね」

高校や大学を卒業するときにプロからドラフト指名がかからず、社会人で捲土重来《けんどちょうらい》を期す選手がいる。彼らのなかには、数年後にプロに進む者もいれば、そのままひっそりとユニフォームを脱ぐ人もいる。

「2年後、3年後にはプロでと思って社会人に入ってくる選手もたくさんいます。プロに行きたいというだけでなく、自分の野球を追求しようという向上心がある人は長く続いています。日本生命やオリンピックで一緒にプレイした福留も、18歳で入ってきたときには『3年後、俺はプロに行くんです』みたいな発言をしていて不安になりましたけど、うちの会社と全日本で3年間プレイして、成長したからいまがあるんじゃないかと思います。メジャーリーグを経験して、阪神タイガースでもプレッシャーを跳ね返して活躍していますよね」

プロ野球だけが野球ではない。都市対抗や日本選手権の頂点を目指して、社会人の選手たちは戦っている。

「長くプレイしていくうちに、会社の同僚や知り合いなど、応援してくれる人も増えていきますから。そうした人の期待に応えるために、家族のためにとか、恋人のために野球をする。そういうことが向上心につながっていくのかなと思います。年齢が上がれば上がるほど、チーム内の役割が変わり、より大きな責任が生まれてきますから」

追いかけた夢に優劣はない

野球人口が減少しているなか、杉浦は何を思うのか。

「ティーボール教室などを通じて、野球の普及に関する活動は行われています。勝つことはものすごく大事ですが、それだけではなく、勝つために何をしたのか、その努力のほうが大切だと考えています。小学校、中学校で勝つことばかりを追い求めて、小さい野球になってしまっては、面白さ、楽しさは半減してしまいます。高校生になるまでは、もっと伸び伸び、自由に大きな野球をしてほしい」

２０１０年からＮＨＫの高校野球解説を行い、若い選手たちにメッセージを送っている。

「最近の高校生は体ができていて、度胸があって、緊張することが少ないように見えます。取材をしても、みんな堂々としています。幼いころから硬球を握る選手が多くて、場慣れもしていますよね。でも、失敗をしたり、形勢が悪くなったりすると、立て直しがきかない。そのあたり、精神的な部分はまだまだですね。

甲子園で活躍した選手もそうですが、地方予選で敗退した選手には甲子園組に負けないように頑張ってほしい」

自身が甲子園の土を踏めなかっただけに、その思いは強い。


杉浦と同じ１９６８年生まれの野球人では、野茂、長谷川、高津、木田優夫《きだまさお》などがメジャーリーガーになった。現在はそれぞれの経験を生かして、さまざまなところで活躍している。高津はスワローズの二軍監督に就任し、木田はファイターズでＧＭ補佐をつとめている。

「プロ野球には行かない、アマチュアで野球をすると決めたときから、プロ野球もメジャーリーグもまったく別世界のことだと考えています。よく『杉浦さんがプロに行ったら何勝したんでしょうね』と聞かれますが、『０勝だったかもしれませんね』と答えます」

杉浦は自分の意志で社会人野球に残り、オリンピック出場を目指した。プレイしたことのない世界で「何勝したか」と問われても、そこに答えはない。

「同年代のピッチャーが海を渡って頑張っていたことは、僕の活力になりました。彼らの活躍はうれしかったですよ。みんな、自分の夢を追いかけて、それだけ頑張ったということ」

メジャーリーガーになった男にも、プロ野球よりもオリンピックを選んだ男にも、大きな大きな男の夢があった。そこに優劣などはない。

第三章

鍛冶舎巧

パナソニック人事部長から
高校野球の名監督に

PROFILE

鍛治舎巧

（かじしゃ・たくみ）

1951年、岐阜県生まれ。左投げ左打ち。県立岐阜商業高校時代には、「エースで四番」としてセンバツ大会に出場する。早稲田大学に進学すると、外野手としてチームを牽引。ベストナインに2度選ばれ、日米大学野球の日本代表では四番を任された。卒業後は松下電器に進み、1975年ドラフトで阪神から2位指名を受けるも拒否。その後監督をつとめ、退任後には役員に。退職後、秀岳館高校の監督に就任し、4季連続で甲子園出場を果たす。2018年に母校の監督に就任した。

1975年度 第11回ドラフト会議 主な指名選手

1位【投】	北別府学（都城農業→広島東洋カープ）
1位【外】	田尾安志（同志社大→中日ドラゴンズ）
1位【内】	篠塚利夫（銚子商業→読売ジャイアンツ）
2位【投】	山根和夫（日本鋼管福山→広島東洋カープ）
2位【内】	簑田浩二（三菱重工三原→阪急ブレーブス）
3位【内】	中畑清（駒澤大→読売ジャイアンツ）
3位【外】	長内孝（桐蔭学園→広島東洋カープ）
3位【内】	水上善雄（桐蔭学園→ロッテオリオンズ）
5位【内】	山本功児（本田技研鈴鹿→読売ジャイアンツ）
5位【投】	深沢恵雄（日本楽器→阪神タイガース）

［第41回選抜高等学校野球大会］ センバツ大会通算100号となるホームランを放つ／提供：本人

スター選手、企業役員、監督、さまざまな顔を持つ男

どんな人間にも「旬」がある。常に厳しい生存競争のなかにあり、肉体の衰えとは無縁でいられないアスリートであればなおさらだ。若くして才能を開花させた選手が、20代で第一線から姿を消すことは珍しくない。

「名選手、必ずしも名監督にあらず」という格言があるように、現役を引退したあとに、指導者として後進を育てることも容易ではない。役割によって求められるものが違ってくるからだ。当然のことながら、選手として輝かしい成績を残し、指導者でも成果を出す人は限られている。

鍛治舎巧は実にさまざまな顔を持っている。

県立岐阜商業（岐阜）時代には強打者として鳴らし、甲子園でもホームランを放っている。卒業後は、早稲田大学でスター選手になり、ドラフト候補として騒がれた。

社会人野球の松下電器産業（現パナソニック）入社2年目には、阪神タイガースからドラフト2位指名を受けた。それを拒否して社会人でプレイを続け、ユニフォームを脱いだのち、NHKの高校野球解説者として全国の野球ファンに親しまれた。その後、松下電器の監督として、

潮崎哲也らをプロ野球に送り込んだ。

監督を退任したあとは社業に専念し、役員にまでのぼりつめた。その一方で少年硬式野球チーム『オール枚方ボーイズ』を率い、タイトルを総なめにした。

最近の野球ファンにとっては、高校野球監督としての顔がもっともなじみがあるだろう。2014年4月から秀岳館（熊本）の監督に就任すると、4シーズン連続で甲子園に出し、そのうち3度ベスト4進出を果たした。

1951年5月、岐阜県に生まれた鍛治舎は、名選手が名監督になれること、野球選手でも企業人として成果をあげられることを証明した数少ない存在だ。

迷った時点でプロでは通用しない

鍛治舎がドラフト候補として騒がれたのは、早稲田大学の四年生のときだ。

一年生の春からベンチ入りを果たし、通算打率3割1分1厘、6本塁打、60打点を記録して、ベストナインに二度選ばれている。1973年春のリーグ戦で優勝し、日米大学野球の代表メンバーに選出され、四番打者を任された。

22歳の鍛治舎はプロ入りについてどう考えていたのか。

「広島東洋カープ、近鉄バファローズ、太平洋クラブライオンズから、『1位で』というお話をいただきました。

鍛治舎という名前のルーツが広島で、隠れカープファンだったということもあって、思い入れはありました。あの当時、カープファンは少なかったんですが（笑）。のちに西武になる太平洋は、『作新学院（栃木）の江川じゃなくて鍛治舎くんを』と言ってくれて、ポジションまで空けておくと。チームの基礎を固めるために東京六大学の選手を取りたいということで、魅力的なお誘いでした」

しかし、鍛治舎はプロ入りを決断しなかった。

「プロに行くかどうか迷ったら、通用しないですよ。よほどの覚悟がないと。大学時代の私は、ずっと迷っていましたから。プロに行かないという決断をしたのは、ドラフト会議より前です。大学四年の夏に、『プロに行かない』という話をしたら、新聞に記事が出て、25の企業から勧誘が来ました。45年前、お誘いいただいたのはほとんどが一部上場企業でした」

それまで甲子園でも神宮球場でも、人がうらやむような成績を残してきた。腕には自信がある。だが、鍛治舎の頭にはこんな問いが浮かんでいた。

「一度しかない人生、このままずっと野球だけでいいのか」

心洗われるような美しいお辞儀

教職課程を履修していたこともあり、金沢の高校から教員にならないかという誘いもあった。プロ野球、企業、高校という選択肢が目の前にあった。22歳の青年ならば、迷わないほうがおかしい。

「秋のリーグ戦最後の早慶戦が終わって、松下電器からぜひ来てほしいと言われました。大学野球部の合宿所に黒い車が迎えに来て、羽田まで行って、伊丹空港に降りて、また車で迎えに来てもらうというすごい待遇でした。

本社に着いたら、遊津孟《あそづたけし》という取締役に「プロに行くような選手はいらん、プロにも負けんチームをつくる」と言われ、その口ぶりに気骨を感じました。ふたつ上の慶應義塾大学のキャプテンで首位打者を２回獲った松下勝実《まつしたかつみ》さん、１学年上の関西大学出身の山口高志《やまぐちたかし》さんが入っていたので、本気だということがよくわかりました」

山口は１９７４年ドラフト１位で阪急ブレーブスに入団し、８年間で50勝、44セーブをマークした剛腕投手。当時、「松下がプロ野球に参入するんじゃないか」とまことしやかにささやかれており、実際にプロを凌駕《りょうが》するほどの実力者が集まっていた。

「遊津さんに連れられて会社の2階に上がり、突き当たりの部屋に入るとふたりの老人が座っていました。松下正治《まつしたまさはる》社長と高橋荒太郎《たかはしあらたろう》会長でした。遊津さんに紹介されて挨拶をしたら、社長と会長がすっと立ち上がって、優雅に深々とお辞儀をされた。それが、心洗われるような美しいお辞儀で、『すごいな』と思いました。別の会社のトップの方ともお会いしましたが、まったく違いましたね」

鍛治舎はその後、別の部屋に通された。

「秘書が3人くらいいて、重い引戸を開けると、部屋の奥に小さな老人がポツンと座っておられました。さすがに私もこの方のことは知っていました。松下電器創業者の松下幸之助《まつしたこうのすけ》さんです。30分ほどお話をして、最後に握手をしていただいたのですが、顔には満面の笑みが浮かんでいても、眼鏡の奥の目がまったく笑っていない。相手を見定めるような目でした」

会社を立ち上げ、一代で世界に冠たる企業に育て上げた男の目だった。

「やっぱり、この人も違うと思いました。そもそも、学生の分際で、会長、社長、相談役と簡単に会えるはずがない。きっと、仕組まれていたんでしょうね（笑）」

阪神の2位指名を蹴って、会社に残る

鍛治舎は簿記1級を持っていた。面接のときに「経理部はどうか？」と言われたが、断っている。

「経理という仕事は、ずっと机に向かって算盤《そろばん》を弾くイメージがあったので、『頭を使う仕事は勘弁してください。汗をかく仕事なら何でもやりますから』と言ったら、人事部に配属されました」

人事の仕事をこなしながら、社会人野球の選手としてプレイした。2年目の秋にまたプロ野球から誘いがかかった。阪神タイガースからの2位指名だった。

「ドラフト会議の日は、いつも通りに仕事をしていました。スポーツ紙の記者に『タイガースに2位指名されました』と言われて、『あっ、今日がドラフトだったんだ』と気づいたくらい他人事《ひとごと》でした。それまで、スカウトの接触もありませんでしたから」

タイガースの監督は吉田義男《よしだよしお》。名門復活の切り札として、鍛治舎は期待されていた。

「記者に『行きませんよ』と答えたら、『鍛治舎、入団拒否』と書かれました。職場は大阪で

すから、会社のなかには工場を中心にタイガースファンが多い。すぐに、『俺のタイガースをなめとるんか』『話も聞かずに断るとはどういうことや』という声が聞こえてきました。私が『会社に残る』と言っているのに、みんなは『行け』という（笑）」

数度の交渉はあったものの、鍛治舎は指名を拒否し、会社に残った。

「プロには行かないと決めていたので。吉田監督ともお話ししたら、『野球をやめたら会社にお返ししますんで』と言われました。いまで言う、レンタル移籍みたいな考え方だったんでしょうね。吉田さんは尊敬できる方で、いまだにお付き合いをさせていただいています」

古い記事を見ると、鍛治舎がドラフト制度自体に疑問を持っていたことがわかる。

「就職先だったら、普通は選べますよね。私が大学を卒業するとき、25社のなかから松下を選んだわけです。プロ野球に12球団あって、それぞれ、方針も考え方も選手の待遇も違うはず。選手の自由意志で選べないのはおかしいなと感じていました。

12球団が集まってプロ野球なので、全体の繁栄を考えたら仕方がないのはわかるんですが、選手が行きたい球団を選べないのはどうだろう？　と」

鍛治舎がドラフト候補と騒がれた1973年にあったプロ野球の球団で、いまもそのままチームを保有しているのは6球団しかない。

名門復活のため、監督としてグラウンドへ

鍛治舎は社会人野球で7年間プレイした。1980年11月、29歳のとき、人事部次長からこう言われた。

「いつまで野球をやるの？　きみの次の仕事を考えてるんだけど」

鍛治舎はそのシーズン限りでユニフォームを脱いだ。翌年5月に電子部品の人事部に配置替えされ、普通のサラリーマンになった。

入社してから7年も野球をしていたのに、出世は早かった。

「電子部品の事業部人事課で7年、同じ電子部品人事部に異動になって1年で係長になり、そのあと課長代理になりました。ところが、『さあ、これから』というときに野球部の監督にと声がかかりました」

1986年、数年前にはプロのチームと伍《ご》すほどの戦力を備えていたチームは、低迷を続けていた。名門復活のために白羽《しらは》の矢が立ったのだ。

「でも、監督という仕事は、掛け持ちではできない。職場を離れて専属でやる必要がある。『野

球だけをやるならプロに行ってますよ。責任ある仕事を任されようとしているこの時期、職場を離れるわけにはいきません』と言って断ったんですが、社長から会長になられていた松下正治さんまで話がいっているということで、お受けすることになりました」

チームは高齢化が進み、活力を失っていた。そのなかでひとり、光る素材がいた。のちにソウルオリンピックの日本代表になり、プロ野球でも活躍した潮崎哲也だった。

「監督1年目のキャンプで潮崎を見たときには、鳥肌が立ちました。鳴門高校（徳島）を卒業したばかりで、体は細くて童顔。だけど、内面的な強さを持っているピッチャーでした。彼を中心に据えて、若返りを図りました」

身長は174センチ、体重は60キロに満たなかった。サイドハンドから投げるストレートは130キロそこそこ。しかし、潮崎は魔球を持っていた。

「バッターのタイミングを狂わせるシンカーがあって、ストレートもコーナーにビシッと決まる。社会人1年目の秋から先発を経験させ、2年目にはエース。3年目には、145キロのストレートを投げられるようになりました」

だが、ピッチャーだけで野球はできない。勝てるチームにするためには、全体の底上げが必要だった。

「まずは筋トレからやりました。そのあと、選手に呼吸法とか栄養学を学ばせました。合気道の道場に通ったり、大相撲の朝稽古《あさげいこ》に行ったり、女子バレーボールのユニチカの練習を見学したこともあります」

練習前に選手と、株価や円相場についても話した。

「選手たちはいずれ、ユニフォームを脱いで社業に専念することになります。そのときに困らないような教育ですね。せめてスポーツ新聞に載っていることには関心を持ってほしかった。スポーツだけじゃなくて、囲碁も将棋も釣りも芸能も全部知っておけと。お得意先に行ったときに野球以外の話題をひとつ持っておくといいぞと。そんなことも教えていました。野球バカでは生きていけない。引き出しを増やしておけということですね。関心を持つことで付き合いの幅は広がります」

「前向きに攻める」ためのデータ活用術

野球とは関係ないと思われることが、プレイに影響するというのが鍛治舎の持論だ。

「自分がそう考えてやってきましたから。日々そういう関心を持って生活したことが、のちのち仕事に役に立ったと思いますし、野球にも生きました。自分のジャンル以外のことを知ることで発想の転換ができますから」

たとえば、テニスのサーブやスマッシュ、水泳のクロールは、野球のスローイングに似ているんじゃないか、と鍛治舎は考えた。

「疑問を持って専門家に聞くと、類似点と相違点がわかる。クロールと野球のスローイングは途中までは同じ動作だけど、フィニッシュが違うというように。クロールは野球以上に掻《か》く力が必要なんです。小学生時代にジュニアオリンピックに出るような選手なら、ピッチャー向きの体になるし、140キロ以上のボールを投げられるようになる」

同時に、選手の意識改革を行った。限られた選手で戦わなければならない社会人では、不調の選手が復活するのをのんびり待っている余裕はない。

「いい結果を残した映像をつなげて1本にしました。バッターならヒットばかりの動画、ピッチャーなら三振を取ったシーンを集めて。調子が悪いと思ったら、それと比較すればいい」

鍛治舎は根性主義の古い指導者ではない。だが、ときにはあえて理不尽なことを選手に強いた。

「そのころ、新日鐵堺には野茂英雄がいて、手ごわかった。そういう相手と戦うことを想定して、1試合分135球のシミュレーションをピッチャーとキャッチャーに別々でやらせました。一番バッターをどうやって抑えて、四番バッターをどう打ち取るか。ピッチャーとキャッチャーで違ったら、何度でもやり直させました」

相手の戦力やデータを徹底的に頭に叩き込んでから戦うことが大事なのだ。

「右方向へ4打数4安打した右バッターをどう攻めるか。実はそのバッターがバットを短く持って、ベースから離れて立っていたら、どうやって攻めるか。いろいろなことを想定して、準備をさせました。

シミュレーション通りにならなくてもいいんです。そこまでやったという達成感があれば。確信を持って戦うことができれば、強気でいられますから。攻める気持ちは大事です」

相手のバッターが凡退するシーン、エースが打たれたところだけを集めたビデオもつくった。

「相手のいいところばかりを強調したら、『投げるところがない』『絶対に打てない』となってしまう。弱いところを突くために、データ編集の仕方を変えることもしましたよ」

すべては相手よりも強い気持ちで戦うためだ。だが、選手に好不調の波があるように、チームにも浮き沈みがある。低調なときこそ、監督の腕の見せどころだ。

「プラス思考で、前向きに前向きに持っていこうとしました。ポジティブな考えを持って作戦を立てないと、結果がなかなかついてこない。チームの成長段階によって違うんですが、はじめの時点では『最高の結果だけ考えてプレイしろ』と言います。『あれやっちゃダメ』『これをするなよ』と言うと意識しすぎてうまくいかない。負の連鎖になる可能性が高い。だから、『起きてもいないことで悩むな』と伝えました」

組織のすべての者に役割を

監督として選手を育てることと、管理職の部下育成には共通するところがある。

「私は野球をやめてすぐに部下ができました。それでわかったんですが、野球も会社の仕事も似たようなところがある。同じチームにいても、年齢も野球人としての能力もさまざま。会社の部署のなかもそうですよね。いろいろな価値観を持った人をロジックで束ねるのは大変なので、優勝とか勝利とか目標達成とかでまとめようとする。そのときに大切なのは、個人の目標を組織の目指すベクトルの線上にできるだけ置くこと。幅を持たせることも必要なんです」

社会人野球のチームには、10代の選手から30代のベテランまでいる。放っておいても自分で考え行動する人もいるが、それは少数だ。大半が現状に満足し、停滞してしまう。

「先を見ている若手は停滞しないですよ。問題なのは、チームでいえばベテラン、会社でいえば『課長止まりかな』と思っている人。どうやって、彼らに働き場所をつくってあげるか、生きがいをつくってあげるかでしょうね。

いまの時代、会社の仕事はひとつの組織のなかでは完結しない。何社も関わるようなプロジェクトもあります。異なる価値観を持った個人、言葉、国籍、職種、役割の違う人とうまく付き合っていかなきゃいけない。そのためには、人としての幅も、チームや組織としての幅もないと。そういう意味では、野球も会社も同じです」

入社以来29年間、人事部門で業務を行っただけあって、言葉に説得力がある。

「野球のチームづくりの理想は日進月歩ですが、実際は一進一退でなかなか前に進めない。それでもいいんですよ、一歩でも進めれば、三歩進んで二歩下がるような感じでも。多少のデコボコは付きものですから」

グラウンド外の270度への心配り

1991年、鍛治舎は40歳で監督を退任し、再び社業に戻った。

「ビシッと線を引きました。野球中継は一切見ない、球場にも足を運ばない。3年間、仕事漬けでやりました」

そんなときに、少年野球の指導をしてほしいという話がきた。

「あれは、騙《だま》されたようなものですよ（笑）。『月に1回くらい見に来てくれればいいから』と言われ、チームの練習をのぞきにいったら、『この人が次の監督だから』と紹介されて……。結局、月8回の休日のすべてが指導の時間になりました。でも、子どもたちを教えるのは面白かった」

オール枚方ボーイズを率いて、ボーイズリーグ日本一8回、ジャイアンツカップ優勝4回という成績を残した。

「子どもたちから学ぶことは多かった。松下電器は大きな会社で、私は本社勤務がほとんどだった。エリートたちと仕事をすることが多かったんです。みんな優秀で、上昇志向もあってという人たち。でも、子どもたちは違いますよね。はじめは3学年16人のチームでスタートしました」

2002年に鍛治舎が監督に就任し、はじめて日本一になって以降、急速に力をつけていった。2014年に秀岳館の監督になるために退任するころには、全国優勝が当たり前という最強のチームが完成していた。

「年2回の全国大会、中学硬式野球日本一を決めるジャイアンツカップ、合わせて年間3回日本一になるチャンスがある。2002年から2014年まで12年間、36回チャンスがあるなかで12回優勝することができました。強くなってからは子どもたちも保護者も変わっていって、鉄壁の組織ができあがった。そのころに入ってくるのは、日本一を目標にする子ばかり。勝ちにつながるプロセスをいかに導き出すかという教え方をしていました」

もちろん野球の技術も教えたが、それ以外にも大切なことがあると伝えていた。子どもたちにはいつもこう言っていた。

「野球のフェアグラウンドは90度、このなかできみたちは100％努力していて、満点をやれる。でも、人間っていうのはそれだけじゃない。360度すべてに心配りができないと、野球に集中できないし、日本一にはなれないんだと。その90度の3倍分の270度に何があるか。学校、家庭、地域。この3つの理解と支援を得られなかったら、日本一にはなれない。

地域の人に挨拶をする、学校でもきちんとした生活をする。保護者にも協力してもらわないといけない。すべてが相まって、日本一があるんだ。グラウンドの90度は全体の4分の1でしかないと常に言ってました」

この考えがあるから、子どもたちにグラウンドの外、野球以外の時間の使い方、行動の大切さを説いた。

「野球の強いチームの前に、いいチームになろうと言いました。球場に着いたら、ごみ袋を持って掃除したり、積極的にグラウンド整備をしたり、スタンドのごみを控えの選手が集めたり。はじめはパフォーマンスだと言われたけど、そのうちにまわりのチームも真似するようになって、いい習慣が伝染していきましたよね。『日本一になるチームがああやっているんだから、自分たちもやらなきゃ』って」

そのときの教え子たちが甲子園で躍動した。2018年の夏の甲子園大会後に結成されたU－18日本代表の主力メンバーの多くは、鍛治舎の指導を受けている。

「第100回大会に出た大阪桐蔭の中川卓也《なかがわたくや》も藤原恭大《ふじわらきょうた》もそう。報徳学園の小園海斗《こぞのかいと》もOB。彼らが最後の教え子ですね」

保護者から鍛治舎が学んだこともあった。

「少年野球をやったことで、いろいろな親御さんと知り合うことができた。私は松下電器という大きな会社のことしかわからないけど、みなさんはいろいろな仕事をしていて、生活力があった。必要経費がどうとか、税金がどうだとか。そういう親たちを見ていて、いまの仕事をやめてもなんとか食べていけるんじゃないか、家族を養うくらいのことはできそうだと確信できました。

大企業のサラリーマンは、土日も含めて一緒にいて、ゴルフをしたり、引っ越しの手伝いをしたり。私はそれが大嫌いで、土日はスパッと切って付き合わなかった。週末は少年野球に行ってましたからね。あれがよかった。会社との切り分けができました」

評論ではない高校野球〝解説〟

鍛治舎にはもうひとつの顔があった。NHKの高校野球解説者として、全国の高校野球ファンに親しまれた。

「現役を引退して社業に戻っているとき、監督をやる前にお誘いいただきました。当時は、社会人野球の監督経験者がやることが多かったんですが、私にはコーチ経験もないのに話がきました」

解説者としての経験が鍛治舎の引き出しになり、退職後の大きな決断のきっかけにもなった。

「始めたのは34歳のとき。足かけ25年間やりました。それまで講演は何度かやっていたんですが、聞いていただく人の顔を見れば、年齢や男女比がわかる。それに合わせて話の内容を決めていました。でも、テレビの解説の場合は、相手が小学生からお年寄りまで幅広くて、誰に向かって話せばいいのか迷いました」

そのときに浮かんだのが、自身のプレイの解説をしてくれた人の言葉だった。

「高校時代や大学時代、評論家や解説者にほめてもらい、モチベーションを上げて頑張れたことを思い出しました。もちろん、試合中に選手の耳に届くことはありませんが、録画して見るときがきっとある。だから、高校生にもわかりやすい解説をすることを心がけました」

予選を勝ち上がって甲子園に出た選手でも、技術的には未熟だ。大舞台で緊張してミスをすることもある。

「プロ野球選手じゃないから、たくさんミスもします。起きたことに対して、よかった・悪かったと言うのが評論。なぜそういうプレイになってしまったのか、どうすればよかったのかを話すのが解説だと考えました。『もう一歩左に寄っていれば』とか、『バウンドした瞬間に判断できれば』という言い方をしていました。同じ失敗をまた繰り返さないように。

一度空振りした選手に『見事な空振りです。当たっていたらホームランだったでしょう』と言ったことがあったんですが、次に本当に打ちました。PL学園の片岡篤史《かたおかあつし》（元日本ハムファイターズなど）です。あとで振り返って、ヒントになることを話すようにしていました」

甲子園は球児にとって夢の舞台だ。満員の観衆が見守るなかで、いつも通りにプレイすることは簡単ではない。

「ひとつのプレイで大きな歓声が起こったり、ため息が漏れたりするのが甲子園です。だから、選手は頭のなかが真っ白になることもある。普段なら絶対にしないミスをすることもあります」

高校生が真剣勝負を繰り広げる甲子園で、解説者の力も試される。

「高知商業（高知）と享栄（愛知）の試合中、実況のアナウンサーに、『この場面で、バッターは何を考えているのでしょうか』と聞かれたことがあります。岡林洋一《おかばやしよういち》（元ヤクルトスワローズ）と近藤真一《こんどうしんいち》（元中日ドラゴンズ）の投手戦でした。私にそんなことがわかるわけがない。でも、何か答えないといけないと思って、とっさにこう言いました。『こういうとき、絶対やってはいけないこと、最低限やらなければいけないこと、最高の結果があります。現役のときは、最高の結果だけを考えていました。そのときの結果はよかったですね』と。このコメントが好評で、手紙をいただいたりしましたね。自らの体験をベースに、どういう心がけでプレイすればいいのかを話すのも面白いなと思いました」

感情論、結果論の多い高校野球解説のなかで、鍛治舎は一風変わっていた。

「解説席にストップウォッチを持ち込んで、ランナーは塁間を何秒で走るとか、イニング間のキャッチャーのセカンド送球にかかる時間は2秒1だとか、数字を使ってお話しするようにしていました。

情緒だけで話しても伝わりません。数字はウソをつきませんから。キレがある、伸びがある、重いという表現では難しい。だから、できるだけ数字を使って、わかりやすく話をするようにしていました」

鍛治舎は社業のかたわら、2010年夏まで高校野球解説を続けた。解説者として甲子園のスタンドにいるとき、自分が監督として聖地に立つことなど想像もしなかった。

役員としての「嫌われる勇気」

1991年、40歳で野球部の監督を退任し、社業に専念した鍛治舎は一貫して人事部門の仕事に携わり、その後、採用・労政のトップを経て、広報・宣伝部門に移った。

「採用部長のときはいい人材の採用だけを考えて積極的なことができたんですが、労政部長時代はずっと守りで、正直キツかった」

採用は社員の採用活動、教育、研修などを行い、労政は労働環境の整備、労務トラブル対応などを行う。このころ、松下電器にとって一大事が起こり、鍛治舎は大規模なリストラの担当になった。

「2000年のITバブル崩壊のあとに行った、全社一斉の早期退職者優遇制度です。それまでに閉鎖する工場などで退職者を募ったことはありましたが、これほど大規模なことは創業以来初めてでした。国内を中心に、2万6000人の早期退職になりました。労政部長の私が先頭に立ちました」

週刊誌には「幸之助神話、家族主義の崩壊」と書かれた。

「自分のことが嫌いになって、いつも内ポケットに退職願をしのばせていました」

そのあとには、企業年金改革が待っていた。

「当時の松下の企業年金は市中金利から大きくかけ離れていたので、OB、OGのみなさまにも応分の負担をお願いしようということになり、OB会巡りで、北海道から九州まで1年間に2往復しました。訴訟にもなって大変でしたね」

OB会との折衝のなかで、厳しい声も直接聞いた。

「私の顔を見るなり、『まず野球部を潰せ』とか『せっかくあるいい制度をおまえが壊すのか』

と言われました。でも、やらなければならないというのが結論でしたから、やるしかなかった。すべて終わったころ、市川和夫《いちかわかずお》元専務（故人）から食事に誘われ、唐突に言われました。『鍛治舎くん、辞めるなよ！　今回のことは、明治維新の廃藩置県と地租改正をいっぺんにやったようなもの。君が辞めたら、事業場の人事部長は全員辞めなきゃいけなくなる』と……。涙が止まらなかった」

2年半ほどリストラとその後の折衝に従事したあと、広報担当になった。

「毎週毎週、週刊誌に何か記事が出る。社長のところに行って、『今週は週刊◯◯です、明日は週刊◯◯にも記事が出ます』と報告しなくちゃいけない。広報は社内のことをイメージよく社外に知らしめるのが仕事です。一方で外から聞こえてくる情報を、いいことも悪いこともフィードバックしなくちゃいけない。軸足を社外にも置いて、『社内の常識は世間の非常識なんですよ』と伝える必要がある。そういう役割もあるんです」

ときには、社長や会長に「耳の痛い話」を入れなければならない。

「私は3対1の法則と呼んでいたんですが、はじめに3ついいことを言ったあとに、ひとつ悪いことを伝える。これが逆だと聞いてくれない。1年目は『ありがとう』と言われる。2年目になると『当然だろう』という感じになる。だから、3年目は1対3に変えるんです。度量の広い経営者ならそのほうがいい」

トップに対していい情報しか上がらない組織はダメになる。だが、経営者の機嫌を損ねるような情報には誰も触れたがらない。

「だから、悪いことでもしっかり伝える。嫌われたっていいんです。広報はそういう役割なんで。言いにくいことでもしっかり伝えたほうが、トップはわかってくれる。『あいつ、うるさいな』と言いながらでも聞いてくれるようになります」

鍛治舍には「嫌われる勇気」がある。自分が信じることのためならば、悪者になることも嫌われることも少しもいとわない。

球児と白球を追いかけるロマン

鍛治舍は2006年に役員になって以降、常務役員、専務役員として宣伝・広報、社会文化、CSRなどの職務を歴任した。2014年にパナソニック（2008年に社名変更）の専務を退任、4月から秀岳館高校の野球部監督に就任した。就任会見でこう語っている。

「高校野球の監督は私にとって生涯の夢でした。選手と一緒に汗とホコリにまみれて白球を追いかける。これ以上のロマンはありません」

熊本にある私立秀岳館高校の野球部は、甲子園に二度出場経験があったものの、２００３年以降、10年以上も甲子園から遠ざかっていた。

それなのに鍛治舍は「３年で日本一を目指します」と宣言したのだ。62歳の無謀な挑戦とまわりからは見えた。

監督をつとめていた枚方ボーイズの選手が大勢入学してきたこと、ベンチ入りメンバーを大阪出身の選手が占めたこともあって、「大阪第二代表」と揶揄する声も聞こえてきた。ときには「大阪へ帰れ」という心ないヤジも飛んできた。

そんなとき、鍛治舍は選手にこう話した。

「微笑《ほほえ》み返ししなさい。あのファンは相手チームが大好きなんだと思うぞ。きみの手で秀岳館ファンに変えてみろよ。ヤジにも笑顔でお返ししろ」

秀岳館の監督時代にはさまざまな批判にさらされたが、鍛治舍が反論することはなかった。

「大阪から秀岳館に入った選手の多くが、熊本や九州に血縁や地縁があった選手たち。それに枚方ボーイズでレギュラーだった選手ばかりでもありません。枚方でベンチ入りしたことのない選手がエースに成長した例もあります。でも、そんなことをいちいち言っても仕方がないですからね。外人部隊と言われても、大阪第二代表と言われても、言い訳しないでやってきました」

初陣となった２０１４年夏の熊本大会は、３回戦で東海大星翔に敗れた。しかし、翌年秋の九州大会で優勝を飾った。２０１６年春のセンバツから４シーズン続けて甲子園に出場し、３季連続でベスト４進出を果たした。「３年で日本一」は達成できなかったが、高校野球の歴史に確かな足跡を残した。２０１７年夏の甲子園、２回戦で広陵に敗れたあと、秀岳館のユニフォームを脱いだ。

「２０１８年のセンバツ90回大会、夏の１００回大会まで監督をしたかったという思いはありました。でも、やれることはほぼやれたんじゃないでしょうか。日本一にはなれませんでしたが、就任会見で『３年で日本一』と言わなかったら、この成績は残せなかった。ベスト４に進んだ３大会とも優勝できると思いましたが、残念ながら力及ばずでした」

広陵に敗れたあとの記者会見で、鍛治舎はこう語っている。

「１年目に厳しい批判を受けたのは仕方がない。目標はひとつ、日本一になることでしたし、いずれはわかっていただけるという思いがありました。いま思えば、センバツでベスト４に入ったときが分岐点でした。熊本の方も勝ちに飢えていたんじゃないでしょうか。

縁あって、監督をやらせていただき、4回も甲子園に出られて、今日の試合は残念でしたが、みんなが頑張っただけの成果はありました。頑張れば結果はついてくるんだなと思いました」

そして、こうも語っていた。

「今後のことは何も決まっていません。甲子園はまた帰ってきたい場所です」

震災を無視して「野球だけ」でいいのか？

2016年4月14日、熊本を大地震が襲った。3週間も練習ができなかったが、そのときが秀岳館野球部にとっての転機になった。

「寮に入っている選手は親元に帰しました。その後もレギュラーがなかなか戻って来られない。地震のあと、避難所のまわりの掃除をしたり、廃棄物の処理をしたり、練習と並行してやりました。そのあたりから熊本のみなさんの見る目が変わり、支援者が一気に増えました。地震は大きな契機でしたね」

選手から「ボランティアをいつまで続けるのか」という声も上がったが、鍛治舎には「強いだけのチームではダメだ」という強い思いがあった。

「勝ちを求めるだけの野球部は、学校にとっても地域にとっても要らない。野球に専念させたい気持ちもあるけど、『みんなが困っているのに、野球だけでいいのか』と涙ながらに言ったら、選手もわかってくれました。

そのうち、熊本工業や九州学院といった強豪の地元である熊本市に行っても、『一緒に写真を撮って』『握手して』『赤ちゃん抱いて』と言われるようになりましたね。本当にうれしかったです」

鍛治舎は２０１７年12月24日、妻とふたりで秀岳館のある八代を離れた。

「３年９カ月住んだ八代を離れるときに、駅の改札口に入ったら、たくさんの方が集まってくれていました。唐揚げをつくってくれた惣菜屋のおばちゃん、対戦した高校野球の監督、保護者の方などなど。たくさんの人が送ってくれて、涙が出そうになりました。熊本に行ってよかったのはこれだなと思って。勝ち負けを超えたものがありました。

やっぱり野球はグラウンドだけじゃない。支えてくれるみなさんの理解があって、支援があって、初めて高校野球は成り立つんですよね」

伝統ある母校を復活させる

67歳になった鍛治舎はいま、母校である県立岐阜商業の野球部監督をつとめている。これまで甲子園出場は春夏合わせて56回、通算4度の日本一、6度の準優勝という実績を誇る名門だが、かつてほどの力はない。

2018年3月、監督就任に際して、鍛治舎はこう語っている。

「大学を含めて20校以上からお誘いを受けました。県立岐阜商業の先輩からもお電話をいただきました。公立高校にコールド負けしており、立て直しが喫緊の課題だと思い、要請を受けました。伝統の復活が私の使命ですから、最低でも5年はほしい。自分が学んだグラウンドで後輩たちと野球ができる。こんなにうれしいことはない」

年齢を考えれば、おそらく母校が最後の戦場になるだろう。

「野球部は94年の歴史があります。あと6年で創部100周年。これまで甲子園で挙げた勝利数は87で、公立高校では全国で1位です。次の100年で100勝できる基盤をつくりたい。強豪私学と互角に渡り合って、いつでも日本一を狙えるチームの基礎をつくるのが私の役割」

鍛治舎が指揮をとった秀岳館には、優秀な人材が県外からも集まってきた。充実した設備、環境のなかで選手を鍛え上げ、勝利をつかんだ。いろいろな制約のある公立校で、これまでと同じやり方をすることはできない。

「限られた練習時間のなかでも、やれることはたくさんある。グラウンドでは5カ所でバッティング練習をしています。同時に、レフトでピッチャーが牽制球《けんせいきゅう》の練習を行い、その奥でティーバッティングをする。ファーストのところではノック練習をする。室内練習場では筋トレもできる。20時までの限られたなかでも、密度の濃い練習は可能です。そのあとは岐阜駅までロードワークをすることもあります。秀岳館では1日8時間の練習をしていましたが、同じ内容を3～4時間でやっています」

選手だけを鍛えても目標には届かない。保護者の協力は不可欠だ。

「多くの選手が自宅から通っています。食事については親御さんに協力してもらわないと。下宿している子よりも体が細いので、『ご飯をどんぶりで』なんてお願いしています。これまでは保護者は練習や試合を見てはいけなかったらしいんですが、バックネット裏で応援してもらえるようにしました」

伝統校は伝統があるがゆえに勝てなくなっている。時代に即した練習、選手たちの気質に合ったチームづくりが求められているのだ。

「広島や愛媛をはじめ、優勝経験もある公立の商業高校が、甲子園に出られなくなっています。いくら伝統があっても、それだけではもう勝てない。有名な商業高校の多くも苦しんでいます。生半可な改革ではダメ。再建ではなく、新生だと選手たちには言っています。ユニフォーム以外は全部変えるくらいの勢いで。

雨の日に長靴を履かせて練習したら、選手たちは面白がってやってくれていました。飛び込んでドロドロになって、ノリノリです（笑）」

具体的な数値が自信につながる

甲子園で3回のベスト4進出を果たした鍛治舎の言葉には選手を動かす力がある。

「練習の内容では日本一のチームに負けていない。『短い時間で機能的に動いている分、うちのほうが上だから、自信を持て』とハッパをかけています。甲子園で勝てる練習をしているんだから、あとは結果を出すだけだ、と」

自信を持てと言われても、実績のない選手には難しい。鍛治舎はデータを使って選手の心に火をつける。

「やっていることが正しくても、結果がともなわなければ自信は生まれません。だから、指示はすべて数字で出します。普通、スピードガンは他校の偵察用ですが、うちは練習で使います。球速を測るだけで、スピードが上がるんです。意識するだけでパフォーマンスが変わる。ピッチャーには、マックスは130キロ台でもいいから、90キロのボールをつくれと言っています。40キロの差があれば打ち取れるから。マックスを伸ばす練習をしながら、緩急の差を大きくするように」

100人を超える部員に「ベースボールスポーツテスト」を受けさせ、個人個人の肉体の強さを数値で測るようにもしている。

「30メートルダッシュのタイムとか、30秒腹筋の回数、スイングスピードなど、さまざまな数値が出ます。この数値は浦和学院に負けている、これは済美に勝っているというのがわかる。具体的な数字で目標を示すことで、レギュラーもそうでない選手も練習で手を抜けない。1カ月もすれば大きな差がつくし、平均値を取れば、怠けた選手が全体の足を引っ張ることになる。

彼らには『練習の時間革命を起こそう』と言っています。そのために、削るところをバサッと削って、大事なところに集中する。簡単に言えば、掛け算・割り算の世界。足し算・引き算ならひとりくらいさぼっても大丈夫なんだけど、掛け算・割り算だとゼロがひとりでもいれば全部がゼロになる。だから、選手たちとコミュニケーションを密にして、いろいろな話をしています」

プロ野球を選ばなかったから、世界が広がった

甲子園球児は東京六大学のスターになり、社会人野球の監督として選手を育てた。社業に復帰してからはパナソニックの役員までつとめ、その後は高校野球の監督として甲子園で3季連続ベスト4に進出した。

10代からさまざまな分野で結果を残し続ける男は、自らの決断をどう振り返るのか。

「プロ野球を選ばなかったことで人生が広がりましたね。大きな企業で宣伝・広報、グローバルブランド戦略の仕事までできました。世界中を走り回って、ゴルフの石川遼《いしかわりょう》選手、サッカーのネイマール選手の契約にも携わった。2020年のオリンピック・パラリンピックの開催都市が東京に決まった瞬間には、IOC（国際オリンピック委員会）のジャック・ロゲ会長の

すぐ近くにいたんですよ。

プロ野球ではなくアマチュアに残ったおかげで、世界が広がったことは間違いない。しかも、仕事でも、社会人の監督でも、少年野球でも、マネジメントは同じだと気づくことができた」

共通するのは、個人個人の能力を生かさない限り、組織の躍進はないということだ。

「そこにいる人の心をつかんで、モチベーションを上げて、やる気にさせる。それぞれの価値観を尊重しながら、幅を持たせながら、ロジカルに組織を束ねていく。個々を生かしてこそ、事業やチームの成功があるのだとわかりました。

目立たない役割をしている人にもしっかり立ち位置をつくってあげる。それさえあれば、みんな頑張りますからね」

監督就任から4カ月、2018年夏の岐阜大会では、3回戦で市立岐阜商業に敗れた。秋季岐阜大会も、ベスト4までしか進めなかった。だが、まだ「革命」は始まったばかりだ。

第四章

志村亮

ビジネスマンを選んだ
伝説の左腕

PROFILE

志村亮

（しむら・りょう）

1966年、神奈川県生まれ。左投げ左打ち。1982年に桐蔭学園に入学。二年春のセンバツに控え投手として甲子園出場し、三年夏にはエースとして甲子園で2勝を挙げる。卒業後は慶應義塾大学に進み、入学直後の春から登板。エースとして活躍し、4年間で東京六大学リーグ優勝2回、神宮大会、全日本大学野球選手権でも優勝を経験する。東京六大学リーグの通算成績は31勝17敗。53イニング連続無失点記録を持つ。在学中からプロ入り拒否を宣言し、三井不動産へ就職する。

1988年度 第24回ドラフト会議 主な指名選手

1位【投】今中慎二（大阪桐蔭→中日ドラゴンズ）
1位【内】野村謙二郎（駒澤大→広島東洋カープ）
1位【捕】谷繁元信（江の川高→横浜大洋ホエールズ）
1位【投】川崎憲次郎（津久見高→ヤクルトスワローズ）
1位【投】前田幸長（福岡第一高→ロッテオリオンズ）
2位【内】大豊泰昭（中日球団職員→中日ドラゴンズ）
2位【外】中根仁（法政大→近鉄バファローズ）
4位【投】赤堀元之（静岡高→近鉄バファローズ）
4位【内】初芝清（東芝府中→ロッテオリオンズ）
5位【捕】江藤智（関東高→広島東洋カープ）

［1987年六大学秋季リーグ　慶應ー東大］ 1安打ピッチングと好投する／提供：朝日新聞社

東京六大学史に残る伝説のサウスポー

20歳にもなっていないのに、古武術の達人を思わせる落ち着いた身のこなしとたたずまい――キレのいいストレートを投げ込むときでも、力みはない。178センチ、75キロの細身のサウスポーが、力いっぱいにバットを振る強打者たちを次々に打ち取っていく。ランナーを出しても慌てることなくダブルプレイを狙い、牽制球を投げてはアウトを増やしていった。

1985年秋のシーズン、長く優勝から遠ざかっていた慶應義塾大学野球部に無敗優勝（11戦10勝1分）をもたらした立役者は、マウンドの上ではいつも涼しい顔をしていた。その男の名は志村亮。プロ予備軍を翻弄し続けたあげく、大学卒業と同時にあっさりとユニフォームを脱いだことで、いまでは伝説的な存在になっている。

志村が鮮やかな神宮デビューを飾った翌年、立教大学野球部に入った私は、彼の二年生から四年生までの3年間のピッチングを敵陣から見ていた。

バッターからすれば一見怖さはない。コントロールには定評があるものの、バットにかすらないほどのスピードボールがあるわけではない。それなのに、捕まえられそうで捕まえられない、やっかいなピッチャーだった。

右バッターだった私はいつか対戦する日を想定して、志村のピッチングフォームを思い浮かべながら素振りをした。けれども、イメージのなかで何度やり直してもクリーンヒットできなかった。バットに当てようとすると、ボールはどこかにするりと消えていく。実際に対戦することはかなわなかったが、東京六大学のバッターは同じ印象を持っていたのではないか。

1966年8月生まれの志村は、桐蔭学園（神奈川）時代に二度甲子園に出場。三年夏には激戦の神奈川大会を制して優勝を飾り、甲子園で2勝を挙げた。

慶應大学では入学後すぐの春季リーグ開幕カード第2戦に初先発し、56年ぶりとなる新人の開幕カード完封勝利を記録した。四年春と秋のリーグ戦で5試合連続完封、53イニング連続無失点記録も樹立している。4年間の通算成績は31勝17敗、防御率1・82。

東京六大学に出現したクレバーなサウスポーは、一年生のときからプロ野球のスカウトの注目を集めた。彼がドラフトの目玉と騒がれた1988年は、即戦力と目される大学、社会人のピッチャーが少なかったため、12球団のうち9球団が獲得に動いたという噂があった。

しかし、志村はドラフト会議を待つことなく、企業への就職を決めた。就職先の三井不動産に野球部はなかった。この決断は野球をやめることを意味した。

22歳の志村は何を思ったのか。

冷静な目でシビアな世界を見ると……

志村のいた慶應大学には、プロから注目される実力者がそろっていた。2学年上には大洋ホエールズから2位指名を受ける石井章夫《いしいあきお》（入団拒否して東京ガスへ）、1学年上にはソウルオリンピックで銀メダリストになる鈴木哲《すずきてつ》（元西武ライオンズなど）がいた。

「マスメディアの人は、取材のついでに『志村くんはどうするの？』と声をかけてきました。先輩方がプロに進むかどうかでいろいろ大変だったのを見ていますから、決断は早めにしなくてはと思っていました」

東京六大学で31勝を挙げたサウスポーのところには、プロ野球だけでなく、社会人野球のチームを持つ企業からも誘いがあった。

「僕の場合、社会人野球でプレイするつもりは、はじめからありませんでした。大学を出てからも野球を続けるとしたらプロ野球でと思ってはいましたが、その気持ちは5パーセントくらい。最終的な決断を下す段階で迷いはありませんでした。社会人は0パーセントでした」

もちろん、志村もかつてはプロ野球に憧れる野球小僧だった。

「小学生のころ、『将来の夢は?』と聞かれれば、『プロ野球選手』と答えていました。プロのことなんて何も知らなかったので軽々しく言えましたけど、高校、大学と進むにつれて、だんだんとプロの世界が見えてきて、口にすることはなくなりました。厳しいところだと知って、本当に自分が行くべき世界かどうかを客観的に見て判断しましたね」

甲子園にも二度出場し、東京六大学でも申し分のない成績を残した志村に、プロ野球で名を残したいという野心はなかった。

「プロ野球に対して悪い印象を持っていたわけではありません。ただ、プロ野球はアマチュアとは違うところだという認識がありました。肉体的な強さも、ピッチャーとしての技術も、バッターとの駆け引きも。プロ野球を仕事として選ぶことができなかった。

神奈川で戦っていた他校の選手が高校を出てプロ野球に進み、なかなか活躍できないのも見ていました。非常にシビアな世界だと感じていました」

プロ野球のスカウトを含め、「志村ならプロで10勝できる」という評価があるなかで、本人が一番冷静だったのかもしれない。

「通用するかしないかわからないけど、『自分の力を試したい』と言って入るところではないと思っていました。プロ野球は本当に厳しい世界で、体を壊したり、実力が足りないと判断されたりすると、すぐに戦力外通告を受けますから。『それでもいい、一生を捧げるつもりで入る』という思いがあるかと考えたら、自分はそうではなかった」

もし1億円もらっても「行きません！」

プロになれば、1日24時間すべてが野球の生活になる。選手の評価は試合の成績で決まる。数字がすべての世界だと言ってもいい。

「覚悟のない選手が足を踏み入れちゃいけない世界だと思っていて、そういう意味では、そこまで思い切ることができなかった」

どれだけ大学時代にいい成績を残しても、プロにまでは持っていけない。そこではみな、イチからのスタートになる。

「ドラフトで上位指名されるような選手は、アマチュアでそれなりの成績を残した人か、結果は出ていなくても潜在的な可能性を認められた人。もちろん、プロにヘタな選手なんてひとりもいません。そのなかで通用するためには、入団してからも心・技・体のすべてをレベルアップさせる必要がある。プロになったことに満足して、努力を怠って、アマチュア時代よりも力を落とすような選手も見ています。プロ野球は、スター選手になるくらいの自信と覚悟がない人間は入ってはいけない世界だと思っていました」

プロ野球は数字の世界であると同時に、お金の世界でもある。1989年ドラフト会議で史上最多の8球団が競合した野茂英雄には、史上最高（当時）の契約金1億円が用意された。

「進路の選択にあたって、経済的な話はまったく頭にありませんでした。あのころ、『志村は契約金1億円を蹴った』という記事が新聞に載ったこともあります。記者の方に『もし1億円ならどうか？』と聞かれ、『それでも行きません』と答えたら、そう書かれてしまっただけ。金額の問題じゃなかった。

基本的には、自分自身で決めました。父親はプロに行ってほしかったのかなと思うところもありましたけどね。申し訳ないけど、自分の判断で決めさせてもらって」

人を喜ばせる〝優勝〟の素晴らしさ

志村ほど、東京六大学で戦うことの重みを感じていた選手は多くないはずだ。神宮球場でプレイする醍醐味《だいごみ》を入学早々に味わったことで、彼は覚醒した。

「一年秋のリーグ戦で優勝したときに、大学野球のよさを感じました。13年ぶり、26シーズンぶりのリーグ優勝でした。僕はそんなに優勝から遠ざかっていたことを知らなかったんです。野球部のOBだけじゃなくて、大学のOB・OGもものすごく喜んでくれて。念願の優勝を経験して、優勝することの素晴らしさを感じるとともに、みんなが喜んでくれることに驚きました。野球には、優勝には、人を喜ばせる力があることを知りました。

桐蔭学園時代に甲子園に行ったときとも比べものにならないくらい。東京六大学の醍醐味、歴史や伝統を感じました」

志村は三年の春季リーグ戦で7勝を挙げ、二度目のリーグ優勝を経験している。

「1年半後にまた優勝しましたけど、一年生の秋ほどの歓喜ではなかったですね」

慶應大学が長く低迷していた理由ははっきりしていた。野球エリートが次々に入学する明治大学や法政大学と比較すると、戦力で劣っていたからだ。

「大学に入学してすぐのリーグ戦は3位でしたが、実力的にはそんなもんだろうなと思っていました。慶應には甲子園球児がたくさんいるわけじゃない。一浪、二浪して入ってくる人も多い。素質の部分で劣っていることは明らかで、それを自分たちも認めていました。一年生の秋は1試合も負けることなく優勝しましたが、10勝のうち6試合が逆転勝ちなんです。目の前の試合を必死で戦って、終わってみたら10勝していたという感じ。みんな口では『優勝するぞ』と言っていたんですが、どこまで中身がともなっていたのか。でも、一度優勝することの素晴らしさを感じてからは、本気で『優勝するぞ』と言っていました」

死に物狂いでぶつかり合う慶早戦

1988年春のリーグ戦のころ、志村はプロに行かないことを心に決めた。秋のリーグ戦で野球人生の最後を優勝で飾ることはできなかったが、通算31勝という数字もピッチング内容も満足できるものだった。一年生の春から全力で戦ったという充実感もあった。

「大学で4年間投げて、達成感はありましたね。一年生のときは、僕以外に左ピッチャーがいませんでした。春先の練習から参加して、大学生相手でも手応えを感じていました。僕はそんなに速いボールを投げるわけじゃなくて、ストレートと変化球のコンビネーションで勝負するタイプ。いかにコントロールミスをなくすかを考えていました。

大学でもコントロールミスさえなければ抑えることはできる。はじめの春のリーグ戦で3勝して、秋に5勝することができました。秋に優勝したことでゆるみが出て、二年のときは春4勝、秋1勝で終わりました」

当時は甲子園で活躍した全国の強豪校の選手が明治大学と法政大学に集まっていて、彼らが優勝争いの中心にいた。だが、リーグ戦の最後に行われる慶早戦（早慶戦）は特別な試合だった。

「僕は高校時代から、お客さんがたくさん入る試合が好きでした。慶早戦はいつも満員になるので、投げていて楽しかった。最終週に行われる一大イベントで、応援の仕方も違っていて、盛り上がりも特別。一番投げるのが楽しかった。

早稲田は、たとえそのシーズンの成績が悪くても、慶早戦だけは別。死に物狂いで向かってきます。『えっ、どうしたの？』と驚くくらいに強いときもありました」

慶應大学と早稲田大学の選手にとって、リーグ戦で優勝することと慶早戦で勝つことがシーズン前の二大目標だ。

「どちらにも同じ重みがありました。特に秋の慶早戦は本当に最後なので、選手の気持ちも違いました。ひとつ上のキャプテンは、ホームランを打ったときに泣きながらベースを1周していましたよ」

志村は神宮球場で心置きなくプレイできた。だから、思いを残すことなく、ユニフォームを脱いだ。最後の慶早戦を終えた志村は、登板後のキャッチボールをしなかった。もうこの左腕を使うことはないと決めていたからだ。

「慶應に進学したのは、慶早戦への憧れがあったから。指定校推薦という制度があり、入学することができました。スポーツ推薦制度のない慶應を選んでよかったと思います。浪人してでもここで野球をしたいというくらい、気持ちの強い人がたくさんいた。練習に来ない『幽霊部員』のいないチームで、結束力があった。リーグ戦で優勝しよう、慶早戦で勝とうと、みんなで同じ方向を向いていました。だから、やりがいがありました」

大学野球で完全燃焼した

志村亮というピッチャーの実力はどれほどのものだったのか。それを測るために、同時期に東京六大学で活躍したピッチャーのプロ野球での通算成績を挙げる。

石井丈裕《いしいたけひろ》（法政大）　68勝52敗10セーブ、防御率3・31

猪俣隆（法政大）　43勝63敗３セーブ、防御率３・68
武田一浩（明治大）　89勝99敗31セーブ、防御率３・92
小宮山悟（早稲田大）　１１７勝１４１敗４セーブ、防御率３・71
葛西稔（法政大）　36勝40敗29セーブ、防御率３・59
髙村祐《たかむらひろし》（法政大）　83勝１０２敗９セーブ、防御率４・31

　このなかで最多の１１７勝を挙げ、メジャーリーグでもプレイした小宮山の大学時代の通算勝利数は20だった。志村の31勝には遠く及ばない。

「彼は二浪して早稲田大学に入ってきて、活躍するようになったのは三年生になってから。学年はひとつ下だったので、まだ怖さはありませんでした。四年生になったときに化けて、プロ野球でひと皮もふた皮もむけましたね。

　いま、メジャーリーグで活躍する大谷翔平《おおたにしょうへい》（現ロサンゼルス・エンゼルス）も、田中将大《たなかまさひろ》（現ニューヨーク・ヤンキース）も、ダルビッシュ有《ゆう》（現シカゴ・カブス）も、高校時代から絶対に成功すると思われていました。そんな選手でも、プロに入ってからものすごい努力をして、チャンスをものにして、さらには運やツキにも恵まれて、いまがあるわけです。そんな彼らでも、どこかで挫折していたかもしれない」

勝負の世界に絶対はない。その年の活躍も将来を保証するものではないからだ。常にバージョンアップしていかなければ、ユニフォームを脱ぐ瞬間がやってくる。

志村は自身の可能性をどう感じていたのだろうか。

「もしプロ野球に入ったとして、すごく伸びそうだというイメージはありませんでした。自分の課題はわかっていましたし、改善点は見えていましたが、いまメジャーリーグで活躍している選手たちと比べたら、伸びしろはなかったでしょうね」

オリンピックも志村にはモチベーションにならなかった。

「ソウルオリンピックの代表合宿に呼んでいただきましたが、どうしても選ばれたいという気持ちはありませんでした。もしオリンピックに出るようになれば、日程の重なる最後のリーグ戦は半分以上欠場することになる。あくまで僕は慶應大学の選手で、本業は東京六大学だと思っていたので」

その東京六大学で4年間戦い抜き、志村はユニフォームを脱いだ。

野球とは無関係なビジネスの世界へ

野球をやめたドラフト1位候補は、スーツ姿で通勤電車に揺られるサラリーマンになった。1989年はバブル経済末期で、「24時間戦う」企業戦士が高い評価を受けた時代。志村はこれまでとまったく違うビジネスの世界に挑むにあたって、何を思ったのか。

「あまり、気を張らないようにしていました。ガツガツしてなかったような気がします。子どものころから野球が好きで、やるからには勝ちたいと思って、高校でも大学でも戦いましたが、会社の仕事はどうやればいいのかわからなかった。

もちろん、不動産業だというのは理解していましたけど、まわりの人の仕事を見ながらやっていて、半年くらいでペースがつかめて、雰囲気もわかりました」

会社員になるときに、自分で決めたルールがあった。

「野球で仕事はしたくなかったので、その話はしませんでした。お会いした方には『慶應の志村くん?』『どうしてプロに行かなかったの?』と決まって聞かれましたが、適当にやり過ごして……『野球の話はもういいです』と。野球を抜きに、社会人として、会社員として、戦っていきたかった」

野球に関心のある取引先にとって、志村は興味の対象だっただろう。もしかしたら、サービストークのつもりだったのかもしれない。クールに野球の話題を切り離す姿に志村らしさがうかがえるが、22歳のフレッシュマンとしては大人びて見えたのではないか。

「野球をしているときに会った人と、ビジネスの現場でお付き合いする人とでは違いがありました。それまでずっと野球の世界にいたからこそ、野球の仕事を選ばなかった。そこにいたら、野球関係の人としか接する機会がなくなるんじゃないかとも思ったし。

だからこそ、野球にはふたをして、野球以外のいろいろな人とのつながりを広げていこうと考えました。自分から野球の話はしない、野球の話を振られても深入りはしないと決めて。いろいろな人と付き合っていきたいという思いが強かった」

野球選手として、志村にはほかの選手にはないセンスがあった。相手との力量差を冷静に測る目もあった。目標に向かってどんな努力をすればいいのかもわかっていた。しかし、ビジネスマンとしてはすべてが手探りだった。まだこの世界を戦うための武器を持ってはいなかった。

「僕は、やる気しかないと思っていました。野球というスポーツが好きで、長く続けることができた。好きだから頑張れたし、腕も上がった。いろいろな業種の会社のなかから、いまの会社を選んだのは、不動産の仕事と三井不動産という会社に惹かれたから。それなら、ここで頑張れるはずだし、結果も出せるはずだと、前向きなプレッシャーを自分にかけました」

三井不動産株式会社は、1941年7月に創設された日本最大手の不動産会社。ソリューション事業本部、ビルディング本部、商業施設本部、ホテル・リゾート本部、海外事業本部、ロジスティクス本部などがあり、東京ミッドタウン事業部、豊洲プロジェクト推進部など、街づくりも行っている。

「不動産業のなかでも、いろんな仕事をやっている会社だから就職先に選んだところもあります。僕たちはいわゆるバブル入社組で、同期が50人以上もいた。同期会もよくやったし、横の連携があってチームのような感じもしていました。僕はそのつながりを大事にしたいと思っていました」

入社は1989年4月なので、勤続年数は30年ほどになる。はじめの8年間はビルディング事業、その後は分譲住宅の用地取得を担当していた。現在は、三井不動産リアルティ株式会社ソリューション事業本部に所属し、部長をつとめている。

「自分がこの仕事に合っていたのかどうか、ほかの仕事をしたことがないので比較はできませんが、向いてないと思ったことは一度もありません。野球を続けなかったことを後悔したこともありません」

年齢は50歳を過ぎ、ビジネスマンとしてのゴールが近づいてきている。

「学生時代の仲間たちと集まると、そういう話にもなりますね。言われてみれば、そうだなあと。ただ、自分では走り続けている感じがあって、まだまだ伸びしろはあると思う。終点を意識することはありません」

投手として育まれた感性

野球とビジネスの世界では異なることばかりだろう。アスリートとしての経験がそのまま生かせるケースのほうが少ないはずだ。ある種の変換能力、自身の経験を何かに置き換える力があれば別なのだが……。志村にとって、野球選手としての経験が仕事に生きたという例はあったのだろうか。

「ビジネスでは、会社と会社の交渉においても、結局は人対人だというところがあると思います。野球はチームスポーツですが、個人と個人の戦いでもあります。僕がピッチャーというポジションだったこともあって、相手とは1対1で勝負するという気持ちがあります。それは共通する部分。最後は自分が戦わなくちゃいけない。気持ちの部分ではそうですね」

もちろん、事業を進めるうえではチームプレイが必要になる。

「長く野球をする間に、チームで戦うときに何が必要なのか、どうやって結束すればいいのかを学んできました。野球はチームプレイでもあり、個人プレイでもある。これも仕事と一緒だなと感じます。最初はよくわからなかったけど、あるときに気づきました」

ピッチャーとして志村が優れていたのは、バッターの心を読む力だった。マウンド上では洞察力をフルに発揮して、ピンチを未然に防いだ。

「そういった能力がビジネスで生きた部分はあったでしょうね。ウソはいけませんが、その場でどこまで手の内を明かすのか、何を話さないでおくか、駆け引きもときには大切です。ピッチャーとしては、バッターが何を狙っているのか、どんなことを考えているかはわかっていたつもりなんですよ、感覚的に。

特に東京六大学で対戦するのは5校しかなくて、データを見れば傾向が出る。それを一瞬だけ頭に入れますが、実際にはマウンドで感じたこと、その場の雰囲気を大事にしていました。その日その日で、バッターに対峙《たいじ》したときに配球、攻め方を決めていました。会社の仕事だと、意外とわからないことが多くて（笑）。そこにギャップは感じました」

神宮球場にはいるはずのない狸《たぬき》が、ビジネスの現場にはたくさんいた。

クラブチームがつなげる仲間の輪

大学卒業時点で野球との縁が切れたかに見えた志村だったが、その後、ひょんなところから再びマウンドに上がることになった。もちろん、プロ野球ではない。社会人野球でもなかった。「ウィーン'94」という硬式野球のクラブチームに所属することになったのだ。

「大学四年生のときに、ノンフィクション作家の軍司貞則《ぐんじさだのり》さんにお会いする機会があり、誘われました。そのときはお断りしましたが、いろいろな話を聞くと、面白い選手たちがいることがわかった。居酒屋の店長、弁護士、ギタリストなどなど。ただ、野球をするわけにはいかないので、飲み会などに参加させてもらっていました」

あるとき、志村のひと言をきっかけに正式な部員になった。

「僕が『ちょっと体を動かしに行っていいですか』と言ったら、そのままズルズルと引きずり込まれまして（笑）」

志村は再び、硬球を握りマウンドに上がることになった。

「ときどき、会社のチームで軟式野球をすることはありましたが、硬式ボールを握るのは久しぶりでした。入社して3年が経ったころです。違和感があるような、ないような、妙に懐かしい感じがしました。大学卒業後に慶應大学野球部の技術委員をしていて、キャッチボールくらいはしていたはずなんですが……」

このクラブチームに所属する選手の職業はさまざまだ。もちろん、チームからプレイの対価が支払われることはない。それぞれの仕事で各自が生計を立て、練習や試合のときだけグラウンドに集まる。個人が会費を払い、遠征費用も負担する。経済的な見返りはまったくない。むしろ持ち出しばかりだ。あくまで趣味の延長にある野球。趣味だからこそ、全員が真剣だった。

「1990年代に入ってから、社会人野球のチームの休廃部が多くなって、クラブチームが増えていました。ほかのクラブチームは高校、大学野球の経験者ばかり。それに比べれば、選手の肩書こそ負けていましたが、いろいろなキャラクターがいて、面白いチームでした。1999年にはクラブチームの大会で全国優勝しました」

ビジネスの現場では野球の話を遠ざけていた志村だが、ここでは野球好きの自分でいることができた。

「クラブのみんなは、それまで一緒にプレイしてきた野球人とは違っていて、そこに別の魅力を感じていました。僕は職業としては選ばなかったけど、野球が嫌いになったわけじゃない。いい形で野球と関わりたいという思いはずっとありました。ウイーンというこのクラブは同じ硬式の野球ではあるんですけど、ちょっと意味合いが違いました」

志村は長く選手を続け、最後には監督もつとめた。

「仲間ともいい付き合いができたし、その輪はいまもどんどん広がっているような気がします」

志村は目立つ形で野球に関わることは少ないが、ずっとその近くにいる。

「僕は少年野球も見ていますが、それは入口の部分ですよね。プロや社会人野球には行かなかったけど、クラブチームという出口の部分の野球も経験することができました。いまは高校や大学の選手たちを見るチャンスもあります。最近は解説者をすることもあって、そういう意味で、非常にいい形で野球と接していて、本当にイメージ通りに付き合えています」

プライベートでも長く野球に関わることができた。

「娘が小学三年生で野球を始めたことをきっかけに、そのチームでコーチになりました。彼女は就職し社会人になったんですが、息子は神奈川の公立高校で野球をしています。どうしても厳しい目で見るからか、試合のあとはいつもがっかりして帰るんです。期待はずれのことばかりしかしないので、楽しい気持ちになったことはありません（笑）。

でも、昔の仲間からは、子どもが中学でやめたり、全然興味を持ってくれなかったりだと聞くので、娘も息子も野球をしてくれたことを喜ばないとね」

視点を変えると、野球にも新しい発見が……

大学までスターとして脚光を浴びたのち、野球と距離を置いたことで現状の課題がよく見える。

「よく野球離れと言われますよね。少子化が影響していることは間違いないでしょう。魅力的なスポーツの選択肢も増えて、いい人材が野球界に入る比率が低くなっています。ロンドン大会以降、オリンピック競技から外れたのも痛かった。でも、さまざまなスポーツがあるなかで野球だけやってくれというのも違うような気がします。

ただ、いま以上に野球離れが進まないよう、OBたちは考えないといけない。僕は東京六大学野球活性化プロジェクトのメンバーとして、神宮球場の観客を増やすための方策を考えてきました。甲子園のスターが入っていい試合をすれば、お客さんは見に来てくれると思いますが、我々はそれ以外のことをもっとやらないと」

かつて野球界の中心はプロ野球ではなく、東京六大学だった。東京六大学ＯＢがプロ野球を盛り上げ、現在に至っている。

「高校野球には甲子園という単純明快な、わかりやすい目標があり、マスメディアの注目度も高い。でも、大学野球には甲子園にあたるものがなくて、マイナーなイメージがぬぐえない。そのあたりをなんとかできればいいんですが……暗い要素が多いですが、だからこそみんなで力を合わせなければ」

野球エリートとは違う道をたどってきた志村には、柔軟性がある。

「野球のルールは毎年改正されているんですが、いつも少しの変更にとどまっています。サッカーやラグビー、バレーボールと比べれば、変化が少ない。サッカーならバックパスが禁止になったり、バレーならラリーポイント制になったり、守備専門のリベロが生まれたり。何かを変えるときには賛否両論ありますが、ルールが変わることで、やる側にも見る側にもいい意味で緊張感が出るのではないでしょうか」

高校野球の夏の甲子園でも、延長13回からのタイブレーク制が導入された。

「タイブレーク制も申告敬遠制も、きちんとルール化されれば、数年後には当たり前になるはずです。試合のスピードアップにつながって、観客や視聴者が集中して見られる可能性がある。

たとえば、こんなルールはどうでしょうか。左バッターのときはいまと同じ一塁に走るけど、右バッターの場合は三塁に向かって走るようにする、とか」

もちろん、現実的ではないが、野球界にある定説を疑ってみれば、新しい発見があるはずだ。

「僕もそうでしたけど、左投げの選手は野球というスポーツのなかでは不利なんです。どうしても守れるポジションが少ないから。ピッチャーかファーストか、外野ですよね。でも、ファースト以外の内野を左投げの選手は本当に守れないのかな？　キャッチャーだってできるんじゃないかと思います。左打ちのバッターが増えているから、左投げのほうがセカンド送球しやすいのでは？　とも考えます」

視点を変えれば、まだまだ野球ファンの知らない魅力が見つかるかもしれない。

きっかけをつかめば、ふっとうまくなる

志村は甲子園に出て、東京六大学でも記録を残した。クラブチームでもプレイし、少年野球のコーチもやった。

「僕が野球を頑張ることができたのは、野球が好きだったから。小学校よりも中学校、中学校

よりも高校、高校よりも大学と、チーム力が上がるごとに楽しさは増えていきました」

野球センスに関していえば、東京六大学でも志村の右に出る選手はいなかった。

「いま、振り返ってみれば、そこそこできていたんだと思います。自分が選手のときは、まわりの選手ができないことが不思議で、『なんでできないの?』と思うこともあった」

高校時代は野手のミスを責めたり、いら立ったりしたこともあった。

「自分が未熟だったこともあって、『なんでエラーするんだよ、せっかく打ち取ったのに』と思ったり、態度に出したりしたこともありました。大学に入って少しレベルアップできて、考え方が変わりました。『エラーは付きもの』『エラーが出ても抑えればいい』『抑えれば結束力が高まる』と思えるようになりました」

私が敵陣から見る限り、志村が声を荒らげたり、ロージンバッグを蹴り上げたりするシーンは一度もなかった。

「最後には、エラーした野手に『次にまた打たせるから頼むよ』と言えるようになりました」

高いレベルの野球の楽しさもあるが、一方で少年野球には少年野球の面白さがある。志村は、高みを目指すことだけが野球の面白さではないことも知っている。

「僕からすれば、子どもたちを見て『どうしてできないの?』と思うこともたくさんあります。

それも含めて、楽しい。特に小学生はまだ答えが出てないし、ずっと答えが出ないかもしれない。最初から何でもできるセンスのある子もいれば、不器用な子もいます。でも、なかなかうまくいかない子も、不思議なことにあるとき、ふっとうまくなることがある。きっかけをつかめば変わるんです。ひとつができれば、ほかのこともどんどんうまくなる。そういうのが、醍醐味ですね」

どうしてできないのか。自分で試してみることでわかることもあった。

「少年野球を見ていて『どうしてそうなるんだろう』と思ったことがあって、利き腕じゃない右手で試してみました。左で簡単にできることが、右ではうまくいかない。それで、『こういうことか！』とわかりました。難しいことを指摘する前の段階で言うべきことがあるんだなと。ひじの位置がどうとか、手首の動きがどうとか言う前に」

できないことに一番悩んでいるのは当の本人だ。まわりの人間はそれをどれだけ助けてあげられるのか。

「きっと本人だって『なんでできないんだろう』と思っているはずです。粘り強く教えてやるしかない。『なんでできないんだ！』と叱りつけても意味はありません」

できることが増えれば、野球を好きになる。野球を好きになれば、もっと練習が楽しくなる。

そのことを志村は誰よりも知っている。

「人の真似をすることは大事ですよね。いまはテレビの地上波で試合中継はあまりありませんが、プロ野球選手の投げ方や打ち方を参考にしてほしい。真似をすることが上達につながります。同じチームの先輩や同級生にうまい人がいれば、それも真似してほしい。

人の話を聞くことも大事だけど、その前に見ること。ノックのときもバッティング練習中も、順番待ちの子がいますよね。その時間を利用して、誰かの真似をしてほしい。そこで何かに気がつけば、言葉が出るはずです。いいボールを投げた人に『ナイスボール！』、難しいバウンドを止めたときには『ナイスストップ！』と、元気がなければ『元気出そうぜ！』と。目の前の一球に集中することで、意味のある声はきっと出ますよ」

仕事としてプロ野球を選ばなかった男は、ビジネスマンとして第一線で戦いながら、ずっと野球の近くにいる。いつもクールに野球と接してきた志村だから見えるものがある。

第五章

應武篤良

〝プロ〟へと育てる
〝アマチュア〟球界の名将

PROFILE

應武篤良

（おうたけ・あつよし）

1958年、広島県生まれ。右投げ右打ち。1974年に崇徳高校に入学すると、三年春のセンバツで正捕手として全国制覇を達成し、夏も甲子園に出場する。近鉄からドラフト3位指名を受けるも、入団を拒否して早稲田大学に進学し、卒業後は新日本製鐵広畑に入社。1988年のソウルオリンピックでは、日本代表に選ばれる。現役引退後は、新日鐵君津、早稲田大学で監督をつとめ、数多くの名選手を育てる。2018年から崇徳高校野球部の監督に就任する。

1976年度 第12回ドラフト会議 主な指名選手

1位【投】	酒井圭一（長崎海星→ヤクルトスワローズ）
1位【投】	佐藤義則（日本大→阪急ブレーブス）
1位【投】	森繁和（駒澤大→ロッテオリオンズ拒否→のちに西武ライオンズ）
1位【投】	斉藤明雄（大阪商業大→大洋ホエールズ）
1位【内】	山崎隆造（崇徳→広島東洋カープ）
1位【内】	立花義家（柳川商業→クラウンライターライオンズ）
2位【投】	梶間健一（日本鋼管→ヤクルトスワローズ）
3位【内】	宇野勝（銚子商業→中日ドラゴンズ）
5位【内】	松本匡史（早稲田大→読売ジャイアンツ）
5位【投】	山本和範（戸畑商業→近鉄バファローズ）

［第58回全国高校野球選手権大会］ 正捕手として3回戦で海星と対戦する／提供：朝日新聞社

プロ入りを拒否した甲子園のヒーロー

父親の言葉は何よりも重かった。

「大学だけは出てくれ」

この言葉がなければ、人生は大きく変わったことだろう。広島で生まれ育った18歳の高校生は、ドラフト指名された球団のある大阪ではなく、東京に進むことになる。

應武篤良は近鉄バファローズに3位指名されながら、それを拒否し早稲田大学に進学した。憧れの神宮球場でプレイしたのち、社会人野球の新日本製鐵広畑（現新日鐵住金広畑）に進み、オリンピック日本代表にも選ばれた。

その後は指導者になり、新日本製鐵君津（現新日鐵住金かずさマジック）の監督時代には、森慎二、渡辺俊介《わたなべしゅんすけ》（元千葉ロッテマリーンズ）、松中信彦らを、プロ野球に送り込んだ。斎藤佑樹、大石達也《おおいしたつや》（現埼玉西武ライオンズ）、福井優也《ふくいゆうや》（現広島東洋カープ）というドラフト1位トリオも、早稲田大学監督時代の教え子だ。

高校を卒業するときに父親の言葉に従ったからこそ、開けた未来だった。

1976年ドラフト会議で應武を指名した近鉄バファローズには、有田修三《ありたしゅうぞう》、梨田昌孝《なしだまさたか》というふたりのキャッチャーがいた。有田は強気なリードで知られ、300勝投手の鈴木啓示《すずきけいし》とのコンビで、1979年、1980年にチームをリーグ優勝に導いた。1986年に読売ジャイアンツに移籍、福岡ダイエーホークスでもプレイした。18年間プロ野球で活躍したのち、阪神タイガースなどでコーチもつとめた。

もうひとりの梨田は強肩と甘いマスクで鳴らした人気選手だ。バファローズの生え抜き選手として17年間プレイし、引退後には監督にもなった。2001年には同球団最後のリーグ優勝に導き、2009年にはファイターズをリーグ優勝させた実績がある。

1958年5月生まれの應武は、1976年春のセンバツで崇徳高校（広島）を日本一に導いた実力のあるキャッチャーだが、ふたりの正捕手がいたバファローズでどれだけ力を発揮できたかはわからない。

国税局のノンキャリアだった父親は、息子の未来を見据えて大学進学をすすめた。プロ野球は保証のない世界。かわいい息子を送り込むことを躊躇《ちゅうちょ》したのは当然だろう。まだ大学進学者の割合がいまよりもずっと低く、「大学さえ出ていれば潰しが利く」と言われた時代でもあった。

カープのユニフォームを着ることを夢見た高校生が近鉄バファローズというなじみのない球

団からの指名に落胆したのも事実だった。ドラフト会議当日、應武はチームメイト3人がプロ野球選手になる喜びを語っているとき、授業を早退して自宅に戻っていたという。父親の言葉を受け入れ、プロ野球への道をあきらめた。

1975年は、広島市の市民球団であるカープが初めて日の目を見た年だ。それまでは万年Bクラスに沈み、リーグのお荷物球団と呼ばれることもあった。ヘルメットを赤に変え、古葉《こば》竹識《たけし》という青年監督に率いられたチームは、初めてセ・リーグを制した。広島を覆う野球熱に背中を押されるように、翌年春の甲子園で全国優勝を果たしたのが、應武がキャッチャーをつとめた崇徳だった。

エースの黒田真二《くろだしんじ》は日本ハムファイターズから、キャプテンの山崎隆造《やまさきりゅうぞう》は地元のカープから、1位指名を受けた（黒田は入団拒否して日本鋼管福山へ）。三番打者の小川達明《おがわたつあき》も5位指名でカープに入団することになる。

「打倒広商！」のもとに集まった球児たち

應武が子どものころに憧れたのは、崇徳ではなく、広島商業だった。全国優勝7回を誇る名門は、1973年春のセンバツで「怪物」江川卓《えがわすぐる》（元読売ジャイアンツ）を破り、準優勝している。広島県にはもうひとつ、広陵という全国優勝の実績を持つ高校もあるが、野球少年の多くは広島商業のユニフォームを着て甲子園に出ることに憧れた。應武もそのひとりだ。

「崇徳という高校は、1961年夏に一度だけ甲子園に出たことのある私立。広商に勝って甲子園に出るために野球のうまい中学生を集めていたんだけど、そのころ（1970年代半ば）の日本はまだ高度経済成長期で、私立高校に子どもを通わせることができる家庭は多くなかった。いまは私立の強豪ばかりが勝ち上がっているけど、当時は全国的に見ても、公立の商業高校が強かった時代です。広島では広商の人気が圧倒的だった。そんななかで、野球に情熱のある野球部長が広島県内をくまなく回ってスカウトして、私の学年は崇徳野球部に83人も入りました」

広島商業のユニフォームを着て甲子園に出たいという気持ちと、広島商業を倒したいという気持ちの両方が應武にはあった。

「もちろん、甲子園に出ることだけを考えれば広商に入ったほうが確率は高い。でも、なぜか崇徳というチームに惹かれたんですよね」

應武が中学三年生だった1973年夏の広島大会。決勝で広島商業と崇徳が対戦した。崇徳が押し気味に試合を進めたものの、崇徳はエラーで失点し2対4で敗れた。瀬戸際でライバルをうっちゃった広島商業は甲子園に出て、日本一に輝いた。

「やっぱり広商は強かった。野球少年にとって憧れの広島市民球場で躍動する選手たちが輝いて見えました。甲子園の試合をテレビで見ていたら、どんどん勝ち進んでいく。日本一になったあとのインタビューで、キャプテンの金光興二《かねみつこうじ》さんが『苦しかった試合は?』と聞かれ、『広島大会決勝の崇徳戦です』と答えていました。その言葉を聞いて、崇徳を強く意識するようになった」

崇徳に入って、強い広島商業を倒して甲子園に行く。應武の気持ちがそちらに傾いた瞬間だった。

「公立と私立では学費の面で全然違っていたので、親には負担をかけました。父親に崇徳に行きたいと伝えると、『野球と言うたら広商じゃろうが』と言われましたが、広商よりも崇徳で野球をするほうが面白いんじゃないかと思って。私はちょっと変わった高校生だったんでしょうね」

崇徳には、野球部長のスカウト活動の成果か、広島県内に住む中学生のなかから実力を見込まれた選手たちが入部してきた。

「打倒広商に燃える監督がいて、野球部長がいい選手に声をかけてスカウトしていたようです。なかには特待生として入ってきたのもいました。私立の野球部がいい選手を取るための特待制度があって、それで経済的に助かった生徒もたくさんいたようです」

ライバルにも仲間にもなる同期のなかには、野球少年のなかでよく知られた顔もたくさんあった。

「まだ県外に野球留学する選手は少ない時代だったので、○○中学の○○は広商に行ったとか、○○中学の○○は広陵に入ったという情報がいきわたっていました。崇徳に入った新入生を見たら、『甲子園に行ける』と思いました。それぐらいいい選手ばかり」

しかし、当時の高校野球では、厳しい上下関係と猛練習がセットになっていた。同期の仲間は次々にグラウンドから姿を消した。

「最終的には14人になりました。69人もやめてしまって……あの新入生が全員残っていたらもっと強かったのにと、いまでも同期と話しています。やめた選手の実力がすごくて、『あのままだったら、俺たちの出番はなかったな』と。入学したとき、ベンチに入っている同級生を横目で見ながら、私たちはグラウンド整備やボール拾い、雑用ばかりしていましたからね」

應武が二年生だった1975年夏の広島大会決勝で広島商業と対戦したが、崇徳は0対4で敗れた。

「でも、レギュラーの二年生がたくさんいたので、1年後には間違いなく勝てると思いました」

優勝したら、アイドルに会える!?

翌年のドラフト会議で4人も指名されるほどの戦力を備えたチームは、1976年春のセンバツ出場権がかかった秋季大会で、順調に勝ち上がっていった。広島大会を制し、中国大会でも優勝を果たし、甲子園出場を確実なものにした。

「でも、1学年800人もいる男子校で、当時は荒くれものも多くてね（笑）。何か問題が起こると大変だなと思っていました。修学旅行のときなんか、ひやひやしてましたよ」

当時は野球部員にかかわらず、学校関係者の不祥事が発覚すれば出場が危うくなった。しかし、問題が起こることはなく、無事に甲子園出場が決まった。

「ずいぶん前に一度甲子園に出ているとはいっても、私たち選手にとっては初出場みたいなもの。ものすごく緊張しましたよ、そりゃ。開会式のリハーサルのときからガチガチで、足がガタガタ震える感じ。伝統がないということに対する負い目みたいなものもありました」

崇徳は1回戦で日本一の経験のある高松商業（香川）と対戦した。

「あまりにも緊張しすぎて、手が動かなかった。相手がすごいとは思わなかったけど、テレビや新聞でよく見たあのユニフォームから、伝統と圧力を感じました」

崇徳打線が爆発したものの、エースの黒田も失点を重ねた。シーソーゲームの末、11対8でなんとか逃げ切った。

「相手はすごくいいピッチャーだったけど、みんながよく打った。ダメだったのは私ぐらい。エースの黒田がカンカン打たれるのを見て、甲子園はやっぱり違うなと思いました」

崇徳は2回戦で鉾田一（茨城）を4対1で降して波に乗った。準々決勝で福井（福井）に4対0で勝利、準決勝で日田林工業（大分）にも3対1で競り勝って決勝進出を決めた。

「この大会の入場行進曲が岩崎宏美の『センチメンタル』で、優勝したら宿舎に彼女が来るという。みんな、田舎もんなんで、『ほんまか、ええの、ええのう』『来てもらおうや〜。生で見てみたいのう』と盛り上がりました」

決勝戦で小山（栃木）を5対0で降し、初出場初優勝を飾った。

「優勝したあとに、ほんのちょっとだけでしたけど、岩崎さんが本当に顔を出してくれました。彼女は私たちと同い年。ものすごくきれいにお化粧をして、金髪で『ほんまにきれいじゃのう』

と盛り上がったもんです。広島じゃあ、あんな人は見たことなかった」

新大阪から岡山まで新幹線が開通したのが1972年。岡山―博多間が開業したのが1975年だった。日本はまだまだ広く、高校球児も純真だった。

「優勝したらアイドルに会える。『ほんなら、頑張ろうや』と言い合ったから、勝てたんかもしれません（笑）」

因縁の広島商業を降して甲子園へ

センバツ初出場初優勝を果たしたとはいえ、広島県内の優秀な中学生を集めた3カ年計画の総仕上げは、まだ終わってはいなかった。夏の広島大会で「打倒広商」を果たして甲子園に出てこそ、それは完成するのだ。

しかし、選手にはセンバツの疲れがあり、チーム全体が燃え尽き症候群にもかかりかけていた。高校球児をアイドル扱いする風潮もあり、選手のまわりには浮かれた空気が漂っていた。

「全国優勝したことで、生活が一変しました。どこに行っても、『黒田だ！』『應武だ！』と騒がれる。喫茶店に入っただけで、女の子たちが集まってきました。男子校のむさ苦しい男たちが突然騒がれれば勘違いもします。『野球ばっかりやっとる場合じゃないぞ』と（笑）。だけど、そういうのもすぐに飽きる。しばらくして気持ちを入れ替えて夏に向かうわけです」

そのとき、選手たちの頭に浮かんできたのが入学当時の目標だった。

「センバツで日本一にはなったけど、予選で広商との対戦はなかった。最後に広商に勝って甲子園に出ようと一致団結しました。私にはプロ野球選手になりたい、カープに入りたいという目標もあったから、いつまでもチャラチャラするわけにはいかない」

最後の夏、広島大会の準決勝の舞台で因縁の広島商業と対戦した。

「あの試合の話をするなら、それだけでひと晩かかる。語りだしたら長くなります。結果的にはかなり力の差がありました。3対0、ノーヒットノーランのおまけつきで勝ちました。初回にふたりランナーを出しただけ。相手はぐうの音も出なかったはずです。ずっと悔しい思いをしていた崇徳OBも喜んでくれたと思います」

夏の甲子園は2回戦で東海大四（北海道）を10対8で降したが、3回戦で海星（長崎）に0対1で敗れた。その秋のドラフトの目玉として騒がれる酒井《さかい》圭一《けいいち》（元ヤクルトスワローズ）に抑えられ、應武の高校野球は終わった。

近鉄の3位指名を蹴って、早稲田に

甲子園に出場して日本一になり、崇徳に入学するときに誓った「打倒広商」も果たした。最後に應武が望むのはドラフト会議でカープに指名されることだけだ。このころは、カープに入ることしか頭になかった。

しかし、一番近くにそれを反対する人間がいた。公務員だった父親だ。

「プロに行きたいと言っても、ダメだという答えしか返ってこない。父は国税局という役所で堅実な人生を送ってきた人。自分がノンキャリアで悔しい思いをしたらしく、『大学は出ないと』という考えがあったようです。最後には、そう懇願されました。父からは『もう1回やり直せるなら、学校に行きたかった』と毎日のように聞かされてきましたから」

父の言葉を受け入れ、應武は早稲田大学進学を目指して受験勉強を始めた。

「受験に落ちたらプロに行ってもいいかと聞いたら、これもダメだと言われました。受かるかどうかはわかりませんが、必死で受験勉強を続けていました。三年生の秋に神宮球場で早慶戦を見て、あそこでプレイしようと心を決めました」

しかし、日本一になった應武をプロ野球は放っておかなかった。バファローズが3位で指名してきた。

「5時間目の授業中に、校長室に来いと言われて行くと、『おい應武、近鉄3位だぞ』と聞かされました。そのときの気持ちは近鉄と聞いて、『ガーン』ですよ、正直なところ。『プロ野球はセ・リーグだけじゃないんか、近鉄ってどこの球団じゃ?』と……。まだ授業が残っていたけど、がっくりきて早退しました。私以外に3人がドラフトにかかって、ふたりは地元の球団、もうひとりはファイターズの1位指名でした。あとで記者会見があると聞かされましたが、『近鉄に指名された俺はいなくてもいいかな』と思って(笑)」

指名されたのが意中の球団ではなかったこともあり、入団を拒否して本格的に大学受験の準備に入った。

「受験したら、運よく受かっちゃったんですよ。家族会議をして、『どうにかして金は工面するから大学へ行け』と父に言われ、早稲田大学に行くことに決めました。

裕福な家じゃなかったし、広島から東京に出るのにハンディを感じました。いくらすすめられたとはいっても、両親に負担をかけたことについては、本当に申し訳ないと思った」

早稲田大学野球部には優秀な選手がたくさんそろっていた。同じキャッチャーのポジションには3学年上に山倉和博《やまくらかずひろ》（元読売ジャイアンツ）、2学年上に金森栄治《かなもりえいじ》（元西武ライオンズなど）がいた。なかなか出場のチャンスに恵まれなかったが、四年生のときにやっと正捕手になった。

「パスポートを持って外国にでも行くような覚悟で東京に来て、田舎もんが一念発起して早稲田大学で4年間頑張りました。早稲田では野球部以外の仲間もたくさんできました」

〝1000万円プレイヤー〟が一流だった時代

1981年に大学卒業後、新日鐵広畑に入社。社会人野球を代表するキャッチャーになった。1988年、日本代表としてソウルオリンピックの銀メダル獲得に貢献している。

「大学を出るときにも『プロでやりたい』という気持ちはありました。実際に、プロの球団から話は来ました。指名順位ははっきりわからなかったけど、『どうだ？』と。ただ、父親にそう伝えると『何のために大学を出たんか』と言われました。

新日鐵広畑に内定してから『ドラフトにかかったらプロに行ってもいいですか』と会社に聞いたら、『うちに決まったのに、何を言っとるか。プロ野球と新日鐵とどっちが上だと思うんだ』と怒られましたよ」

應武は進路選択のたびに父親の意見を聞いたが、決して言いなりになったわけではない。

「最後は自分で選んだ道。父に決められたわけではありません。いまのプロ野球と違って、選手の年俸は高くなかった。社会人野球に進むのも、プロ野球も、金銭面では大きな差がなかったんですね」

日本のプロ野球で１億円プレイヤーが誕生したのは、１９８６年のこと（中日ドラゴンズに移籍した落合博満《おちあいひろみつ》）。１９７０年代には、年俸１０００万円が一流選手の証《あか》しと言われていた。そのハードルは時代とともに、３０００万円、５０００万円へと上がっていった。

「プロ野球選手がものすごく稼げるかというと、昔はそうではなかった。ユニフォームを脱いでから定年退職までのことを考えれば、どちらがいいかはわからないくらい。むしろ、トータルで考えれば社会人のほうが安定していると言われていましたね」

１９８６年以降、各球団の看板選手は１億円の大台を次々に突破していった。いまでは、年俸３億円を超える選手も少なくない。現在、ドラフト１位で指名されるアマチュア選手に契約金１億円が用意されるようになっている。

「プロ野球が脚光を浴びて、ファンが増えていった。それにともなって、選手の年俸も上がっていきました。だけど、昔は年俸１０００万円で一流と言われていましたからね。一流企業のサラリーマンならそのくらいは稼ぐことができるし、成績によって下げられることもない。それが、３０００万円、５０００万円と上がっていくのを見て、『チックショー』ですよ（笑）。正直ちょっと、『ああ、失敗したかな』と思いました。いまでは、『オヤジのせいだ』と言って笑っていますけどね」

欠点のある選手の長所を伸ばす

１９８０年代から１９９０年代にかけて、オリンピックはアマチュア野球の聖域だった。また、プロ野球でプレイした選手が高校野球の指導を行うためには、越えなければならないハードルがいくつもあった。

しかし、オリンピックの日本代表はプロ野球選手で構成され、元プロ野球選手が高校野球の監督になるのも難しくはなくなった。プロ野球で戦力外になったあとに、社会人野球でプレイする選手も増えている。プロと高校、大学、社会人との溝は埋まりつつある。

「どちらかというと、プロに優しいルールに変わっています。それについては、忸怩《じくじ》たる思いもある。アマチュア選手が活躍できるところ、プレイできる場所が少なくなっているからね。

私は31歳まで現役でプレイして、それから指導者になりました。はじめは、社会人野球の監督、母校の監督になることは夢でも目標でもなかったけど、運に恵まれて、さまざまなことを経験させてもらいました」

1994年に新日鐵君津の監督に就任し、森慎二、渡辺俊介、松中信彦など6人をプロ野球に送り出した。だが、彼らははじめからプロが注目するような選手ではなかった。

「本当に優秀だったらドラフトにかかる。高卒で社会人に入ってくる選手で、完成しているのはほとんどいない。長所はあるけど、どこかに欠点があることが多い。足は速いけど打てないとか、投げるボールは速いのにコントロールが悪いとか、当たれば遠くまで打球が飛ぶけど三振ばかりとか、ね。そういう選手の長所を伸ばしながら育てていかなきゃいけない」

1996年ドラフト2位で西武ライオンズに入団した森がそうだった。のちにプロ野球で150キロを超えるストレートを武器に、セットアッパー、リリーフエースとして活躍したピッチャーだ。

「社会人のチームの場合、限られた人数で戦わなきゃいけない。だから、チームにいる選手をどうにかして育てないと。森はコントロールが悪かったから、徹底して走らせました。腹筋、背筋も1日1000回以上やれと。なぜその練習が必要なのかを教えながら」

プロ野球の一球団なら、毎年10人がクビになるかわりに、10人の有望選手が入ってくる。外国人を補強することも、他球団の選手をトレードで獲得することもできる。だが、社会人のチームではそうはいかない。

「選手の何かが足りないのなら、そこをどうやって鍛えるか、補うかと考えました。欠点があっても、育てるしかない」

森は2017年6月に多臓器不全で急逝した。生前、私は彼に「もし過去に戻れるならいつ？」と尋ねたことがある。「プロに入った1年目ですね。その前、社会人時代には戻りたくない」と森は語った。その「戻りたくない」社会人時代の監督が應武だった。

「『應武の顔を見たくない』ってことか（笑）。森がそう言ったのは、それだけ練習がキツかったから、大変だったということかな？　でも、あのときに厳しい練習をしたからプロで活躍できた。血のにじむ練習をした分、数字を残せたんでしょう」

森はポスティングシステムを使ってタンパベイ・デビルレイズに移籍し、メジャーリーグのマウンドを目指したが、シーズン直前に肩を痛めて投げることができなくなった。復帰に向けてリハビリを行ったが、志半ばで帰国している。

「彼は一流になりかけたところで、アメリカに渡って失敗した。それでもその後、独立リーグのコーチや監督をしながら、指導者として学んでいった。きっと指導する立場になって、かつての苦しい練習の意味を理解したんでしょう。実績を評価されてライオンズに戻ってから、私が早稲田から送り出した大石を育ててくれました。プロに入ってからなかなか一軍で芽が出なかった大石は葬儀のとき、『慎二さんに認めてもらって、生き返らせてもらった』と泣いていました。私の教え子が教え子を指導してくれた。そういう縁もあります。

42歳で亡くなったことは残念で仕方がないけど、彼が本当の指導者になってくれたことはうれしい。辻発彦《つじはつひこ》監督は社会人時代の仲間ですが、『ライオンズの選手が変わったのは、慎二の葬式からです』と言ってくれて、胸が熱くなりました」

自分の夢を託せる人間を育てたい

2000年ドラフト4位で千葉ロッテマリーンズに入団した渡辺俊介も、應武が見出した選手だ。もし應武との出会いがなければ、大学を卒業するときに野球の道をあきらめていた可能性もあった。

「沖縄水産の監督だった裁弘義《さいひろよし》さんと知り合いで、『いい選手がいるから見てよ』と呼ばれて沖縄まで行ったときに、たまたま登板したのが渡辺でした。國學院大學の3番手か4番手のピッチャー。でも、アンダースローのピッチングフォームに特徴があって、リリースポイントが地面すれすれ。そこから浮き上がってくるようなボールを投げる。コントロールはむちゃくちゃだったけど、面白いと思った」

應武はすぐに國學院大學の竹田利秋《たけだとしあき》監督に渡辺の入社を打診した。すると、東北高校（宮城）の監督時代に佐々木主浩を育てた名伯楽は驚いたという。

「竹田さんは『こんなピッチャー、使えませんよ』と言う。『應武さんも目が落ちたね』と。でも、私はこのピッチャーを育ててみたいと思った。

渡辺には、『コントロールがつけばオリンピックにだって、プロにだって行けるぞ』と言いました。本人は『本当ですか』と半信半疑だった。大学でダメなら実家の仕事を継ぐつもりで、野球をやめる覚悟もしていたようです。『俺が何とかするから来い』と誘いました。プロに行ったから言うわけではなく、森もそうですが、渡辺も人一倍の努力をしましたよ」

2000年の都市対抗野球で、新日鐵君津はベスト4に入った。4試合すべてに登板した渡辺は、優秀選手賞を獲得した。その秋には日本代表としてシドニーオリンピックに出場している。プロ入り後はマリーンズの先発投手として活躍し、2006年、2009年のWBCにも出場した。マリーンズに在籍した14年間で、通算87勝をマークしている。

「まだ欠点もたくさんあって一流とは言えない選手を教え、育てていきました。そういう選手を国際大会やプロ野球に送り出すのは、プロ野球選手という道を選ばなかった應武という人間の役割だと思いました。夢を託せる人間を育てたいと」

敗戦後の素晴らしいスポーツマンシップ

２００４年秋に母校である早稲田大学野球部の助監督になり、２００５年に第17代監督に就任した。２０１０年に退任するまで６年間12シーズンで６回のリーグ優勝を飾った。斎藤、大石、福井という３人のドラフト１位トリオのほか、武内晋一《たけうちしんいち》（現東京ヤクルトスワローズ）、越智大祐《おちだいすけ》（元読売ジャイアンツ）らも教え子だ。

「いい選手の条件は、ケガをしないこと、体力があること。いくらバットを振っても壊れない、どれだけ走ってもケガしないこと。休まずに練習することが、次の日の成長につながるから」

早稲田大学の監督時代に忘れられない試合がある。指導者とは何かと自身に問い直すきっかけになった。

「2010年春の早慶戦は早稲田も慶應も勝ち点3で、勝ったチームが優勝ということになったんですが、早稲田が1勝2敗で負けた。腹が立ってしょうがない。そのとき私は選手たちに『相手の胴上げを見るな、どうして見なきゃならんのか』と言ったんです。

その秋の最後の早慶戦。慶應に2連敗して勝ち点を取られて、早慶両校が勝ち点、勝率で並んだために、優勝決定戦で優勝を決めることになりました。その試合は先発した斎藤が8回途中までノーヒットの好投をして、10対5で勝って優勝することができました」

優勝の胴上げのあと、監督インタビューが行われた。それが終わったとき、應武は慶應のベンチに、驚くべき光景を見た。

「インタビューを立って聞いていた慶應の選手たちが、私に向かって深々と一礼するのが見えました。敵の監督の勝利インタビューなど聞きたくないはずなのに、私の話を最後まで聞いたうえで礼までしてくれるとは！　彼らの姿にスポーツマンシップを見ました」

そのとき應武は「これが自分に足りないものだった」と気づいた。

「私なんか、春に負けたときに『胴上げを見るな』と言った監督ですよ（笑）。慶應の選手たちは負けて優勝を逃したにもかかわらず、拍手を送ってくれた。なんて素晴らしい監督と選手たちなんだろうと思って、感動しました。勝負に負けても相手を称える姿勢。これは私にはないものでした。しかも、私たちが東京六大学の代表として日本一を目指した明治神宮大会も、慶應の選手たちは応援に来てくれましたからね」

広島に戻って崇徳野球部の監督に

應武は2018年5月に60歳になり、定年を迎えた。節目にあたって、大きな決断をした。母校である崇徳の野球部監督に就任することに決めたのだ。

「42年間、夏の甲子園に出ることができていない母校の野球部に、いらだちとふがいなさとさびしさを感じていました。私はOB会長として、校長や理事長とどうすれば甲子園に出ることができるのかという話をしていました。そんななかで、『42年前に甲子園に出た優勝メンバーを中心にして、やってもらえませんか』と打診されました。そう言われて、甲子園のよさを伝えられるのは私たちしかないのかなと思いました。

早稲田大学の監督を退任したあと、いろいろなところから『指導者に』と声をかけていただきましたが、もし監督をするなら母校しかないと思っていました。もう一度自分を奮い立たせられるのはそれだけだと」

8月1日から母校のグラウンドに立ち、後輩たちの指導を行っている。

「今年の夏の猛暑で、もうこれですよ」

應武は真っ黒に日焼けした顔で笑う。

「この夏休みは暑かった。8年ぶりの現場復帰なのに、この猛暑。私にとっては地獄でした（笑）。8月は朝から晩までずっと生徒と一緒。彼らと生活してみて、いい子が多いなという印象を受けました。私たちのころはやんちゃで、もっと生意気だったんじゃないかな？（笑）。純粋で、いい子が多いですね。生徒たちを甲子園に連れていってやりたいなと改めて思いました」

崇徳野球部は應武が卒業して以降、2回しか甲子園の土を踏んでいない。1993年の春のセンバツから25年も遠ざかっている。

「広島には広陵、広島新庄という強豪チームがたちはだかっています。崇徳は県のベスト8くらいの実力はあるんですが、そこから上にはなかなか行けない。広陵や広島新庄と当たる前に負けています。いまは100回試合をやっても1回勝てるかどうか。もしかしたら、100回負けるかもしれん。50試合に1回、10試合に1回と勝てるようにしていきたい。その1回が大事なところで出てくれればいい」

社会人野球や名門大学の監督をつとめてきた應武にとって、高校野球の監督は初めてだ。これまで指導してきた大学、社会人野球の選手たちに比べれば、欠点ばかりが目につくだろう。

「生徒たちの技術はまだまだです。高校を出てすぐにプロに行くような選手はいません。だけど、鍛えればいずれ花開くんじゃないかと思っています。いまは、とにかく基礎固めですね。

私はもう60歳ですから、肉体的にはキツいですよ。やっぱり年を感じます。高校時代は久保《くぼ》和彦《かずひこ》先生にお世話になって甲子園で優勝したんですが、おじいちゃんのように見えた久保先生でも当時53歳でした。生徒に『俺はどんなふうに見える？　おじいちゃんに見える人？』と聞くと、数人が手を挙げました。『おじいちゃんか……』と思ってがっくりきました（笑）。確かに、立ち上がるときには『よいしょ』って言うし、真夏のグラウンドに立つのはしんどいし、年はとっています。だけど、やる気だけはある」

母校の校歌を甲子園で歌えるように

崇徳の練習環境は恵まれているとは言いがたい。グラウンドはサッカー部やラグビー部、アメリカンフットボール部と共用だ。昔のようには、他県の強豪校と練習試合も組めない。

「練習環境は、強豪の野球部とは大違いです。施設や環境を比べたら、太刀打ちできません。

広陵の20分の1くらいしか練習できるところがないんじゃないですか。でも、私たちは昔、このグラウンドで練習して全国優勝したんです」

技術的に未熟で自信を持てない選手たちを、この環境でどのように育てていくのか。

「大事なのは野球の基本です。生徒にボール回しをやらせてみたら、満足にできない。どうしてできないのか。キャッチボールは気持ちの受け渡しだということがわかっていないから。野球の基本はキャッチボールです。そこから徹底してやっています。

もし甲子園に出ることができれば、『崇徳もやるな』と認めてもらえるはず。進学先を考えている中学生も、関心を持ってくれるようになるでしょう。そのための基礎づくりをして、次の指導者にバトンタッチしたい。とはいえ、60歳のおじいちゃんには時間がないので、のんびりもできない」

應武の頭には、高校野球が目指すべきイメージがある。2018年夏の甲子園に姿を見せた松井秀喜《まついひでき》（元読売ジャイアンツなど）に胸を打たれた。

「夏の甲子園の100回大会で、初日に松井秀喜くんが始球式をしました。その日は運よく母校の星稜（石川）の試合の日で、勝ったあと、彼はスタンドで校歌を歌っていたんですよ。直立不動で、大きな声で。ニューヨーク・ヤンキースで四番まで打った男のあの姿を見て、甲子園や母校への思いを感じました。照れることもなく、恥ずかしがることもなく。あの姿が高校野球の原点です。試合後に校歌を歌うことは、勝者だけに許されること。これ以上の栄誉はありません。崇徳は過去5回、甲子園に出ていますが、校歌を歌ったのは私たちの学年だけ。春5回、夏1回、歌いました。

目標は甲子園に出ることじゃなくて、甲子園で校歌を歌うこと。それが本当の恩返しですね。もちろん、私もまだ校歌を歌えます」

高校野球は人・モノ・金がなければ勝てない時代になっている。強豪よりも劣っていることがわかっていながら、應武は母校の監督要請を受けた。

應武が培ってきた経験と手腕がいまこそ試される。

第六章

山中正竹

〝小さな大投手〟は
球界の第一人者へ

PROFILE

山中正竹

（やまなか・まさたけ）

1947年、大分県生まれ。左投げ左打ち。1966年に法政大学に進み、一年秋から四年秋までカード初戦の先発を任され、法政黄金時代のエースとして活躍。大学時代の通算成績は48勝13敗（最多勝利記録）。卒業後は住友金属に入社。引退後は監督として、都市対抗などで優勝を飾る。1988年のソウル大会ではコーチ、続くバルセロナ大会は監督として、オリンピックのメダル獲得に貢献した。法政大学野球部監督、横浜ベイスターズ専務取締役などを歴任し、現在は全日本野球協会会長などをつとめる。

1969年度 第5回ドラフト会議 主な指名選手

1位【外】谷沢健一（早稲田大→中日ドラゴンズ）
1位【捕】八重樫幸雄（仙台商業→ヤクルトアトムズ）
1位【内】荒川尭（早稲田大→大洋ホエールズ）
1位【投】太田幸司（三沢高→近鉄バファローズ）
1位【投】佐藤道郎（日本大→南海ホークス）
1位【投】上田二朗（東海大→阪神タイガース）
2位【外】門田博光（クラレ岡山→南海ホークス）
4位【投】松本幸行（デュプロ印刷→中日ドラゴンズ）
6位【内】河埜和正（八幡浜工業→読売ジャイアンツ）
7位【捕】大矢明彦（駒澤大→ヤクルトアトムズ）

［1969年六大学秋季リーグ　法政―東大］　記録更新となる46勝目を挙げる／提供：共同通信社

不滅の東京六大学〝最多48勝〟

いまから15年も前のことだ。毎日大映オリオンズ、阪急ブレーブス、近鉄バファローズの3球団を率いて8度もリーグ優勝を飾りながら、一度も日本一になれなかったために「悲運の名将」の異名をとった昭和の名監督、西本幸雄《にしもとゆきお》にこんな話を聞いた。

「俺が学生だったころ（1940年前後）、東京六大学からプロに進んだ者は、卒業生の名前が掲げられるところから名札を外されていた。『野球で金を稼ぐとはもってのほかだ』と言われる時代だったな。俺もそういう教育を受けて軍隊に行った。戦争中は日本に帰ることも考えられない状態だったけれども、プロ野球に入ることなんかは想像できなかったね」

黎明期のプロ野球は「職業野球」と呼ばれ、蔑《さげす》まれることさえあった。

1920年（大正9年）生まれの西本は、私にとって立教大学野球部の大先輩だ。『パ・リーグを生きた男 悲運の闘将 西本幸雄』（ぴあ）という書籍をつくった際、プロ入り当時の話が出た。第二次世界大戦後、中国から日本に戻った西本は、社会人野球の別府星野組の選手兼監督をつとめた。その選手たちとともに毎日オリオンズに入ったのが、1950年。セ・リーグとパ・リーグに分裂し、初めての日本シリーズが開催された年だった。

長嶋茂雄《ながしましげお》が通算8本という東京六大学の最多本塁打記録（当時）をひっさげて読売ジャイアンツに入団するのが、1958年。長嶋というスーパースターの登場によって大きく時代は変わっていくが、それ以前はプロ野球よりも東京六大学のほうが、人気でも実力でも上回っていたという。

1947年4月、大分県で生まれた山中正竹が、佐伯鶴城高校（大分）から法政大学に入学したのは、1966年のこと。その前年に日本で初めてのドラフト会議が行われている。

4年後に自分が「ドラフトの目玉」と騒がれることになるとは、山中は想像もしていなかった。高校時代に甲子園の土を踏むことはなく、本人も「大学で活躍できるとは思っていなかったし、1回くらい神宮球場のマウンドに上がれればいいと考えていた」ほどだ。

しかし、大学4年間で48勝を挙げ、法政大学に3度のリーグ優勝をもたらした。1学年上の田淵幸一《たぶちこういち》（元阪神タイガースなど）、富田勝《とみたまさる》（元南海ホークスなど）、山本浩二《やまもとこうじ》（元広島東洋カープ）、同期の江本孟紀《えもとたけのり》（元阪神タイガースなど）らとともに、法政大学野球部の黄金時代を築いた。ライバルである明治大学には、「燃える男」星野仙一《ほしのせんいち》（元中日ドラゴンズ）がいた。

山中が記録した48勝という通算最多勝利数は、いまだに破られていない。「怪物」の異名をとった江川卓（当時法政大学）が47勝で続いている。

〝小さな大投手〟にとってのプロ野球

高校を卒業するときに山中がぼんやりと頭に描いた職業は、教師だった。

「私は中学でも高校でも、素晴らしい先生と会うことができました。姉が中学の先生をしていたこともあって、漠然と『教師になれたらいいな』と憧れを持っていました。それが、大学でチャンスをもらって、うまい具合に勝っていった。都会での生活にも慣れてきたから、このまま東京で働こうかと思うようになりました」

先輩の田淵、山本、富田は「法政三羽烏《さんばがらす》」と騒がれていた。体格もよく（田淵は186センチ、山本は183センチ）、プレイのスケールもまた大きかった。

「バッテリーを組んでいた田淵さんはプロに行きたがっていたし、まわりの空気も『頂点を目指すならプロで』というふうに変わっていましたね」

だが一方で、学生野球こそアマチュアの神髄《しんずい》であると考える人々も、まだ数多く存在していた。

「プロ野球よりも大学野球のほうがピュアだという雰囲気は残っていました。『(学生野球の父と呼ばれた)飛田穂洲《とびたすいしゅう》の全集を読んでおかなきゃダメだ』と言われたりして、私もそういう考えが刷り込まれて、プロ野球は自分とは別の世界にあるものなんだと思っていました」

プロ野球選手と高校、大学の選手の大きな違いは体のサイズだろう。もちろん、大きさがすべてではないが、プロの選手は驚くほどにデカく、分厚い。それなのに、動きが速く、体力もある。

オープン戦から日本シリーズまで含めれば、3月から11月まで150試合以上を戦わなければならない。そのころはプロ野球でも、ピッチャーの連投は珍しくなかった。エースと呼ばれる存在ならば、なおさらだ。

「当時は、先発完投が当たり前。ほかは敗戦処理か二軍かだった。そういうのを見て、自分はプロ野球タイプではないと割り切った考えを持っていました。プロ野球でやっていける体ではないのだと」

山中は、身長が170センチしかなかった。彼が「小さな大投手」と呼ばれたのは、ピッチャーとしては小柄な体で強打者をなぎ倒していったからだ。

遅咲きの同期の飛躍は努力の成果

のちにプロ野球で536本塁打（歴代4位）を記録する山本、通算474本塁打（歴代11位）を放った田淵らは、エースの山中の実力を高く評価していた。

「紅白戦やシートバッティングで田淵さんや山本さんと対戦するときには、『絶対に打たせない』と思って投げて、たいていは抑えることができました。きっとそのときの印象が強く残っているから、『山中はすごかった』と、彼らはプロで大選手になったあとでも言ってくれるわけです。『山中レベルのピッチャーはプロでもいなかった』と。でも、実際はそんなことはないでしょう」

本人は謙遜《けんそん》するが、田淵や山本が後輩を持ち上げる必要などどこにもない。彼らの言葉は本心だったはずだ。ほかにも「おまえなら絶対に成功する」と言ってくれる人はたくさんいたが、山中自身はそう思わなかった。

「プロ野球に行って、そのまま大学時代のボールが通用するかといえば、とんでもない。私の記録を見て、若い人に『どうしてプロに行かなかったんですか？』と尋ねられることもありますが、現役時代の実力を知らないから言えることですね。

もしプロ野球に入っていたとして、そこでどう生きていくかという方法を見つけることはできたかもしれない。なんとか、自分のプレゼンスを持たせるくらいなら。ただ、プロに行かなかった以上、実際にどうなっていたかは、誰にもわからない」

同じ東京六大学の強豪である明治大学には、のちに読売ジャイアンツのＶ９時代を支える高田繁《たかだしげる》が、早稲田大学には、プロ野球で２０００安打を記録する谷沢健一《やざわけんいち》（元中日ドラゴンズ）がいた。日本中の名選手が集まる東京六大学で48勝を挙げた山中の実力を、疑う者などどこにもいなかった。

「大学時代に抑えたバッターがプロ野球で活躍するのを見ても、『彼らができるのなら、よし、俺だって』とは思わなかった。『プロ野球でさらに努力して、ステップアップしたんだな』と素直に考えていました。

星野さんなんかは特にそうだった。大学ではエースだから酷使されたけど、プロではローテーションがあるから、体調をうまく整えられるようになった。『仙さんはプロに入ってボールが速くなったな』と思ったものです」

ちなみに、星野の大学時代の通算成績は23勝24敗だ。

アマチュア時代の成績通りに活躍する選手ばかりではない。逆に、実績を残していない選手が大成することもある。その代表格が、法政大学で同期だった江本だ。身長188センチの大型投手は、ときに当時監督だった松永怜一《まつながれいいち》の方針に反抗することもあり、大学時代は山中の陰に隠れて、通算6勝にとどまった。

「ほかの選手たちは大学時代からプロでもやれるだろうと見ていましたが、江本の活躍は不思議でした。もともとポテンシャルは高かったけど、大学のときはボールがどこに行くかわからなかった。でも、プロ野球で揉まれて実力をつけたんでしょう。そのうちにエース格になっていきましたから」

江本は大学卒業後に社会人野球の熊谷組に進み、1971年にドラフト外で東映フライヤーズに入団。南海ホークス、阪神タイガースでも活躍した。プロ11年間で113勝126敗19セーブ、防御率3・52という成績を残している。

「彼の場合、大学時代のベースがしっかりあって、プロの世界で指導を受けたり自分で考えたりしたことが実を結び、成功したんだと思います」

立派な企業からのありがたい誘い

プロ野球での活躍を期待する声も強かった一方で、山中にプロ以外の道をすすめる人も大勢いた。

「アマこそが崇高だと考える人からは、大学を出たら新聞記者になれと言われました。プロに行くことを『転びやがって』と思う人もいたものです。それがいまでは、野球少年の憧れの職業になった。プロ野球に進まれた先人の苦労の賜物《たまもの》だと思います」

結局、山中はプロ野球で戦うことを選ばなかった。大学四年の春季リーグ戦の段階で、プロに行かないことを表明し、翌日にはそれが新聞で大きく報じられた。山中がプロ入りしないことは大きなニュースだったのだ。

プロ野球の球団に対して断りを入れた山中が、就職先として選んだのは住友金属工業（現新日鐵住金）だった。

「四年生の春のシーズンが終わってから、入社試験を受けました。内定をもらったら、新聞に『山中、住金に入社内定』と出ました。そのあともスカウトの人は来たようですが、もうそれほど熱心ではなかった」

いまから50年も前のことだ。大学生の人気企業は、現在とはまったく違う。当時は、金属、鉄鋼などを扱う会社が人気を集めていた。

「ありがたいことに何十社からお誘いいただきましたが、正直、どの企業がいいのか、どんな業種がいいのか、学生では判断がつかない。いろいろな企業の人と会うたびに、『こんな会社があるのか』『この人たちのいる会社はいいな』と思いました。どこも立派な会社で、人も素晴らしかったですね」

はじめに勧誘に来てくれたのは、北海道拓殖銀行だった。

「一番に誘ってもらったところに決めようかと思って、九州に住む父親に相談すると、『北海道は遠いなあ』と言う。『じゃあ、八幡製鐵は?』と聞くと、九州に帰ってきてほしいわけではないらしい。実は、母親は住友金属に入ってほしいと思っていたようです。理由は、挨拶に来てくれた人の印象がすごくよかったから。私が住友金属でお世話になると決めたと伝えたときには、ほっとしていました」

結局、山中は住友金属に入社し野球部に入ったが、野球選手としての目標は特に持たなかった。

「野球選手としての実績を評価してもらって入社したので、『2、3年は野球で貢献しよう。そのあとは早く仕事を覚えないと』という気持ちが強かった。当時、大卒の場合で長くて5年、普通なら3年で野球をやめて、社業に専念するのが当たり前。私もそうなるだろうと思っていました。監督の年齢も30歳ぐらいだったかな」

まだオリンピック競技に野球が採用されることなど考えられなかった時代。プロ野球という選択肢を消した山中にとっては、自然な考え方だった。

「チームは和歌山にありましたが、野球を終えたら、東京でも大阪でも勤務地は選んでいいと言われていました。『野球で日本一になる』とか『将来は指導者になろう』なんて、少しも思わなかった」

社業に専念して世の中を知る

ところが、ある人物との再会によって、運命が微妙に変わり始めた。法政大学時代に指導を受けた松永が、住友金属の監督として招聘されたのだ。

「あれは、入社2年目でした。松永さんが監督になったときに、『どうして来たんですか?』

と聞きました。住友金属の野球部と松永さんの考えが相いれないことは、私にはわかっていましたから。松永さんが苦労されるのは目に見えていたし、自分が板挟みになることも想像できた」

結局、山中は7年間ユニフォームを着ることになる。最後の1年は助監督、その前は助監督兼選手、その前はコーチ兼選手。ピッチャーとしてマウンドに上がりながら、松永の参謀役をつとめた。その経験が監督になったあとに生きるのだが、この時点で本人に自覚はない。

29歳で現役を引退した時点で、野球人生にピリオドを打ったつもりだった。そのときは、社業に専念することしか、山中の頭にはなかった。しかし、東京での勤務に慣れたころ、今度は野球部監督就任の打診があった。山中は固辞し続けていたが、ある日、人事部に呼ばれ、こう言われた。

「どうしても山中に監督になってほしい。和歌山で監督をするか、サウジアラビアのパイプ工場に行くか。二択なら、どうする?」

山中は期限などの条件を出したうえで、ついに監督就任を受諾した。ユニフォームを脱いだはずが、再び野球の世界に戻ることになった。

「社業か野球かという選択を迫られましたが、野球を選んでよかったといまは思います」

わずか4年という短い期間ではあったが、社業に専念したことで山中の視野は広くなった。野球以外の世界に触れ、世の中の仕組みを理解するようになったのだ。

「上司がどう自分を評価してくれたかはわかりません。大手町にいる普通のサラリーマンになって、『世の中はこうやって回っているんだな』というのを知りました。私の担当は鉄鋼原料（鉄鉱石、油など）を輸入すること。第一次と第二次オイルショックの間で、高炉が止まってしまうというピンチに陥ったときに、野球関連の人脈で救われたこともあります。中東の国々について知ったし、需要と供給のバランスで価格が決まること、たとえば家庭用の灯油の値段はこうしてつくんだと体感しました。いろいろな仕組みがわかるようになって、面白かった」

仕事の面白さを知った時期に訪れた突然の監督就任だったが、山中は完全に野球から離れていたわけではなかった。それまで平日は社業にいそしみながら、週末には神宮球場に通い、東京六大学の試合観戦を続けていたからだ。選手時代の後半に後輩を指導していたこともあって、監督になっても違和感はなかった。

「監督という立場で野球をやるのは初めてだったので、失敗も戸惑いもあったけど、ラッキーなことに、4年間監督をして、2年目に都市対抗優勝、3、4年目に日本選手権で優勝。自分でも名監督じゃないかと勘違いするくらいにいい成績を残すことができました」

住友金属の野球部は和歌山県にあり、新人選手の補強という意味ではハンディを負っていた。

「大阪にある松下電器や日本生命には、関東からも関西からもいい選手が来る。でも、和歌山まで名のある人を呼ぶのはなかなか難しい。地元や地方の選手を育てて勝つしかなかった。あのときのメンバーとは、『よくあの戦力で優勝できたよな』といまでも話をします。松永さんが前任者だったという幸運もあって、強いチームをつくることができました」

選手から学びながら築いた監督像

指導者として実績を残した山中は、その後、世界の舞台で戦うことになっていく。1988年のソウル大会はコーチ、1992年のバルセロナ大会では監督として、オリンピックの日本代表を率いた。

ソウル大会のメンバーには、野茂英雄、潮崎哲也などがいた。バルセロナ大会は、杉浦正則、小久保裕紀らとともに戦った。

「日本とは異質の野球に対して結果を求められるなかで、社会人や大学のトップ選手と一緒に経験を積むことができました」

能力のある人間を自立させ、何かを気づかせることによって、ソウル大会では銀メダル、バルセロナ大会では銅メダルをつかんだ。選手たちはプロ野球選手ではなかったものの、高校、大学、社会人でトップクラスの成績を残した実力者ばかり。そこでは指導者と選手の真剣勝負が行われた。

「住友金属を指揮しているときと、大きな違いを感じることはなかったですね。私にとって幸運だったのは、48勝という実績が使えたこと。数字を見て、選手たちが勝手に『すごい』と感じてくれた部分はあったと思います。ただのおっさんには見られませんでしたね（笑）」

もちろん、指導者としての実績も選手たちは認めていた。

「メンバーは社会人の選手が中心だったので、都市対抗や日本選手権で優勝したという実績も効いていたと思います」

銀メダルと銅メダルを獲得したこの8年間で、山中はメダル以外に何を手にしたのか。

「私は教え子という言葉は嫌いです。住友金属のときも、代表のときも、選手から教えてもらうことが多かった。甲子園のスターはこうして育ってきたのか、実績のない高校からでもこんな選手が出てくるのか、と。私が伝えることよりも教わることのほうが多かったんです」

選手から得たものを養分として蓄え、指導者としての基礎を強固なものにしていった。

「気づいたことはしっかりとメモして、自分のなかに取り入れ、選手に伝える。そうすることで自分なりの監督像をつくっていきました」

プレッシャーこそが原動力

もともと山中の未来図にオリンピックはなかった。野球がオリンピックで初めて公開競技として行われたのがロサンゼルス大会。正式に採用されたのはバルセロナ大会からだった。

「それまではオリンピックの隅っこでやっていたようなもの。正式競技になったことで注目されて、プレッシャーもかかりました。世の中には監督をやりたい人はたくさんいるけれど、実際に任される人間は限られている。代表監督は監督の頂点なのだから、これ以上のものはありません。大変な喜びがあります。プレッシャーがかかるのは当然だし、それもいいことだと思っていました。

逆に、もし誰も期待してくれなかったら、これほどさびしいことはない。負ければ批判されるのは当たり前。私自身、叩かれもしたし、ほめられもしましたが、挑戦する機会を与えられたことを幸せに思っていました」

オリンピックや世界大会に臨む代表は、日本のアマチュア球界最強のチームであり、最後の砦《とりで》だった。キューバ、アメリカ、韓国、台湾など、強敵がたくさんいるなかで、日本には勝たなければならないというプレッシャーが常につきまとった。

「オリンピックの正式競技になることが決定して以降、国際試合が増えていきました。キューバの強さ、アメリカのシステム、韓国や台湾の野球、オーストラリアの豪快さに触れ、改めてスポーツの素晴らしさに目覚めました」

新しい事実に出会うたび、知らなかったことを調べていくにつれ、知識が増え、人生観も野球観も変わっていった。

「何度『目から鱗《うろこ》が落ちるとはこういうことか！』と思ったか。体の使い方、メンタルの整え方、試合のなかでの心理の変化など、野球のなかでいろいろなことを学ばせてもらいました」

東京六大学で通算48勝を挙げた「小さな大投手」は、監督として経験を積むごとに謙虚になった。

「野球について調べていると、サッカーのことも知りたくなる。その先で、スポーツとは何か？という疑問にぶつかる。スポーツには歴史や政治とのつながりもある。勉強すればするほど、スポーツのすごさがわかるようになります。

イギリスでは、スポーツマンを〝グッド・フェロー〟の意味で捉えています。日本ではスポーツマンシップを『最後まであきらめないで正々堂々と戦うこと』としているけど、その前提として相手に対するリスペクト精神がある。対戦相手にも、仲間にも、審判にも、ルールにも、競技自体に対しても。全力で戦ったあとでナイスゲームと称え合うのがスポーツのよさでしょう。民主主義の根源的なところと通底しているからいいんですよ」

国際大会の代表チームは、野球界の〝出島〟

1995年に野茂がメジャーリーグに渡り、日本人選手が次々にあとを追うようになるまで、プロ野球が外国人選手を「助っ人」として受け入れることがあった程度で、日本の野球界は実質的に長く鎖国を続けてきた。

「世界大会に出る代表チームは、江戸時代の出島みたいなもので、例外的に異質な野球、海の向こうにある野球と接してきました。だから私たちは、会社や大学に戻ってからその経験を伝えるという役割も負っていました。日本代表として頑張るのは当たり前。海外での経験を自分のチームに持ち帰って、野球の国際化を図る使命があると選手たちには言っていました」

金メダル獲得を目指したバルセロナ大会では、準決勝で郭李建夫《かくりけんふ》（元阪神タイガースなど）に抑えられて敗れた。

「もっといい色のメダルを期待されたし、それに応えたかったけど、力が足りなかった。『あのとき決勝まで行けていれば、人生が変わっていたのに』と当時のメンバーとよく話をします。あのチームの結束は固かった」

1990年代の日本代表が目標にしたのが、世界最強の座に君臨していたキューバだった。キューバの選手は体が大きくて、しなやかで強かった。

「日本人には彼らと同じようなプレイはできない。ただ、自分たちのよさを生かして対抗することはできる。チームが強くなるまでのステップには、知《ち》・学《がく》・慣《かん》・等《とう》・越《えつ》というものがあります。

1972年、日本はニカラグアで行われたIBAF（国際野球連盟）ワールドカップに初出場し、そこでキューバの強さを知りました。そこからは、キューバの指導者を呼んで教えを受けたり、練習試合を組んだりして、「キューバの野球」を学んでいきました。一般の人にもキューバの力が知れわたったのは、後楽園球場で行われた1980年のIBAFワールドカップ、キューバ戦でしょう。0対1の惜敗でしたが、キューバの強さは圧倒的でそのまま優勝しましたから。

1980年代はキューバの野球に慣れる時期だった。慣れていって、互角に闘えるようになって、最後に越えることができる。バルセロナ大会で対等にと考えましたが、かなわなかった。4年後の1996年アトランタ大会で、やっと互角に闘えるようになりました（キューバに9対13で惜敗し、準優勝）」

その後、プロ選手が参加した2006年のWBC以降、キューバとは互角以上の戦いを繰り広げている。「越」の段階に入ったと言えるだろう。

法政の監督退任後に舞い込んだ、プロからのオファー

バルセロナ大会が終わった時点で、山中はまだ45歳だった。1994年に母校の法政大学の野球部監督に就任し、工学部教授をつとめながら、2002年まで9年間指揮をとった。18シーズンのうち、7度のリーグ優勝を飾るなど、黄金時代を築いた。稲葉篤紀《いなばあつのり》（元ヤクルトスワローズなど）をはじめ、数多くの選手をプロ野球に送り込んだ。

「私は9年間監督をやりましたが、長期政権には反対していました。監督の座に長く居座って

いる指導者を見ると、『それはどうなんだろう』と思ってしまいます。

2002年限りで監督をやめることを決め、家族だけには伝えました。ほかの誰にも言わなかったのは、やめることを公言してしまうと、学生や関係者が『監督のために』と考えてしまう可能性があると思ったから。大学野球の主役は学生、それも最後の1年を過ごす四年生です。彼らのためにも、黙っていました。

監督をしながら大学の教授をしていたんですが、あと2年ほど在籍すれば海外研修に行けるという話になった。いずれは、アメリカでまた野球を学び直そうと思っていたんです」

しかし、山中に野球を探求する時間は与えられなかった。それまで一度もプロ野球と関係を持っていなかったにもかかわらず、球界再編の大騒動に巻き込まれることになってしまったからだ。

「横浜ベイスターズをTBSが買収することになり、私に球団経営に関わってほしいという要請が来ました。私の仕事ではないと思い、はじめは断りましたが、オーナーからの熱心な誘いもあって、最終的にはお受けすることになりました。学生野球と社会人野球、国際大会を経験したプロ野球関係者は、いませんでしたから」

ずっとアマチュア野球にいた山中にとって、プロ野球は異質な世界だった。直接的に金銭が関わるだけに、心ない声も聞こえてきた。

「『アマチュアのくせにえらそうだ』とか、『1億円の契約金をもらった』とか、『年俸は何千万円だ』とか、そんな話がバーッと広まりました。待遇に関していえば、それまでの大学教授と同じくらいでした。でも、いくら口で言っても信じてもらえない。おかしな噂だけがひとり歩きしていきました」

山中は反論も言い訳もしなかった。目の前に課題が山積みになっていたからだ。ベイスターズの専務取締役に就任した山中は、プロ野球と時代の荒波に揉まれることになる。

一丸となって野球界を盛り上げる

2004年はプロ野球にとって、ターニングポイントになった年だった。1949年から50年以上も球団を保有していた近鉄が身売りを発表。球界再編に向けての機運が高まると、1リーグ制に反対する日本プロ野球選手会が史上初のストライキに踏み切った。

結局、近鉄はオリックスに吸収されてオリックス・バファローズになり、楽天が宮城県仙台市を本拠地として、東北楽天ゴールデンイーグルスを創設した。

「いろいろな問題が重なって、大騒ぎになりました。プロとしての注目のされ方については戸惑った部分があります。ファンの数も反響の大きさも想像以上でした。近鉄の身売り、楽天の参入など、本当に激動でしたね」

大学や社会人の監督時代と比べれば、山中はその実力を発揮することができなかった。経験や知見を十分に生かせたかどうか考えると、疑問は残る。事実、そういう批判が山中の耳にも入ってきた。

「7年目にクビになったときには、『プロ野球なんかに行くからだ』と散々言われました。でも、私はそうは思わない。プロの世界に行って勉強させてもらってよかった。あのころからプロ野球もずいぶん変わりましたから」

それまではずっと「寄らば巨人の陰」で、野球人気はジャイアンツにおんぶに抱っこだった。しかし、地方に本拠地を置く球団も増え、テレビ放映権のみに頼らない球団経営がさまざまなところで行われるようになっている。

「プロ野球に行かなければわからなかったことがたくさんあった。プロと高校、大学、社会人が一体となって野球界全体を盛り上げ、いろいろな意見や考えを反映させなければいけない時代になっています。野球界がひとつになるべきいまこそ、あの経験が生きるのではないでしょうか」

　山中は２００６年に初開催されたＷＢＣでは、アジア代表の技術委員をつとめた。ドラフト制度検討委員会の委員長、セントラル野球連盟理事長などを歴任したあと、２０１０年3月にベイスターズを離れた。同年4月、法政大学特任教授に就任している。

　その後、２０１７年に全日本野球協会副会長、侍ジャパン強化本部長に就任。現在は、全日本野球協会会長をつとめている。

「それぞれの役割を明確にするため、監督にグラウンドの仕事に集中してもらうために、侍ジャパン強化本部をつくりました。ただ、私がいる強化本部はあくまでチームをサポートする役割です。野球界全体を見ながら、侍ジャパンの情報発信をしたり、メディアの窓口になったりする。ビジネス・オペレーションとチーム編成の両方の役割があります。

　監督や選手をどうやって選ぶのか、課題はたくさんあります。短期決戦で勝つためには、どんな監督がふさわしいのか。世界と戦うためにはどんな選手が必要なのか。有識者の意見も聞きながら、プロ側の担当者と委員で協議します。そういうプロセスを経て、『侍ジャパン』の監督は決まりました」

　２０２０年東京オリンピックに挑む侍ジャパンの監督に、稲葉篤紀が就任した。彼は、山中が法政大学で監督をつとめていた時代の教え子だ。

「最終的に監督が稲葉に決まったとき、私は強化本部長を辞退しようとも考えましたけど、引き留められました。私との関係で彼に決まったと言われるとかわいそうだからね……。稲葉は期待以上によくやってくれています。立派な監督になってきた。私は身内だからどうしても評価が厳しくなるのだけど……。プロに入ってから、野村克也さん、若松勉《わかまつつとむ》さん、トレイ・ヒルマンさん、梨田昌孝さん、栗山英樹《くりやまひでき》さんなど、いい監督に仕えてきたことがいまの稲葉をつくったんだろうと思います。しっかりした彼の発言を聞くたびにそう感じます」

〝スポーツマンシップ〟を取り戻す

２０００年シドニー大会で、プロアマ合同チームを組みながら4位に終わった日本代表。プロ選手だけで臨んだ２００４年アテネ大会は銅メダル、２００８年北京大会は再び4位に。ロンドン大会、リオ大会で野球は行われず、今回の東京大会が3大会ぶりの開催となる。

「２００５年の時点で『北京大会が最後だ』とＩＯＣから宣告されて、野球界は大きなショックを受けました。今回は東京開催ということで、開催国推薦によって復活することができました。2024年のパリ大会以降どうなるのかという大問題はありますが、いま大事なのは東京大会で金メダルを獲ること」

だが、過去の大会の結果を見ても、日本代表が容易に金メダルを獲れるとは思えない。

「もちろん、簡単なことではありません。でも、チャンスも可能性も十分にある。稲葉監督を中心とした侍ジャパンが、金メダルを獲るためにどんな戦いをするのか。重要な使命を背負っています」

同時に、東京大会でオリンピック競技に復帰したことを、野球界がどう生かすのかという大きな課題がある。山中はその舵取り役を担っている。

「野球離れが進んでいるなか、野球界がこのチャンスをどう生かすのか。今後、プロ野球という産業が縮小してしまうのではないかという危機感を、多くの方が抱いています。オリンピックは、野球界の今後のサステイナブルな繁栄のために欠かせない」

今後の野球界の発展のために必要なものは何なのか。

「一番大事なのは、スポーツマンシップだと私は思っています。レスリングにしても、ボクシングにしても、体操にしても、さまざまな競技団体で品性を問われるような出来事が起こっている。野球界にも、体罰や賭博など、さまざまな問題がありました。スポーツの地位が下がっているような気がしてならない。そうならないためには、スポーツマンシップへの正しい理解が必要なのです。

野球離れの原因はひとつではない。子どもたちの野球に関する環境も、監督やコーチの指導方法もそうでしょう。何より品性の欠落が、野球そのものを崩してしまっているのではないかと思います。指導者の質を高めれば、いい指導者に教えられた選手がつまらない事件を起こすことはなくなります。スポーツマンシップをみんなが理解することで、本来のスポーツの素晴らしさを取り戻せるのではないでしょうか。いまが、世界の視点でスポーツを捉えるチャンスでもあります」

山中は世界の視点でスポーツを捉えながら、高校野球の発展にも力を注ぐ。富山県高校野球連盟のテクニカルアドバイザーもつとめている。

「夏の甲子園で準決勝まで進んだことのない県は、富山と山形だけだと、アドバイザーの要請がきました。50校近い富山県の野球部の人たちを集めて、5年以内に全国ベスト8を目指そうと話をしました。『それは無理だ』と言う人もいたけど、『やりましょう』という人も出てきた。ひとりいれば、変わります」

2013年に富山第一がベスト8、2014年には富山商業が3回戦まで進んだ。2018

年の代表として甲子園に出場した高岡商業は、3回戦で大阪桐蔭に1対3で敗れたものの、最後まで優勝候補を苦しめた。

「いまでは、富山代表のキャプテンが、堂々と『日本一を目指す』と言うようになりました。有望な子を集めて徹底して鍛えれば強いチームはできる。でも、そのやり方は富山の人たちにはなじまない。

和歌山や神奈川の強豪校と練習試合をさせました。そうすることで、選手も指導者も世界が広がった。高いレベルの野球から学ぶことはたくさんある。社会人野球のチームとの交流も増えました。私が『いい野球をしているね』と言うと喜んでくれるけど、ときには『まだまだよ』と厳しいことも言わなくちゃいけない」

野球を学ぶ、野球から学ぶ

山中は大学四年生のときにプロ野球を選ばなかったから、オリンピック代表監督の大役が巡ってきた。世界の舞台を経験しなければ、いまの山中はきっといない。

もしプロ野球選手になっていたら、球団の専務としてチームの経営に携わることはなかっただろう。プロ野球の激動の波に揉まれたから、プロ野球と高校、大学、社会人との架け橋になれるのだ。

「あのとき、そういう決断をしたことで、かえって野球との関わりが深くなったかもしれませんね。落ち着きがないせいか、いろいろな偶然が重なったせいかはわからないけど、結果としていろいろなことを学ぶことができました。

私は『野球を学び、野球から学ぶ』という言葉をモットーとしています。ずっと野球に関わらせてもらっているけど、いまだに学ばされている。『うわ～、こんなことも知らなかったのか』と思う。本当に面白い。

私の年齢と立場なら、組織や野球界全体を進化させることを考えなければならない。人を動かすために、組織を動かすために、まず自分が動かないと。ひとつのところに収まってはいられない。いろいろな経験がいまに生きていることをつくづく感じます」

次代の野球人を育成するのも山中の役割のひとつだ。

「社会人野球を引退したある選手には、『アメリカに行け』と言いました。英語でケンカできるようになって帰ってこいと。今後、日本で指導者になろうと思ったら、組織運営もわかっていなければいけない。そういうことも勉強しろと言っています。

経験や能力、人間性を兼ね備えた人間に、次の道をつくってあげないといけない。それを野球界は怠ってきた。野球に情熱を持った人たちが別の世界に去っていくのを、なんとかして止めないと」

「48勝」とずっと一緒に生きてきた

東京オリンピックに向かういまこそ、野球界の未来を考えるときだ。

「プロ野球を経験した人がアマチュア資格を回復するための講師もつとめました。元プロ野球選手が高校生を指導できるというすごい改革ですが、プロ野球選手が全員、アマチュアの指導者になれるわけではない。ある意味、厳しく審査される部分も出てくる。学生野球には学生野球のあり方がある。学校の現場との意識の違いをどう埋めていくか。これは難しい問題です。プロとはどうしても違うから」

何人ものプロ野球経験者が高校野球の監督に就任しながら、数年でチームを離れる例がいくつも出ている。

「プロの技術や知識、経験をどう生かしていくのか。それを考えていかないといけない」

野球界で取り組むべき課題は山積している。

「プロとアマが近づいたことは非常にいいこと。ただ、学生野球と社会人野球と軟式野球との関係、審判についてなど、いろいろなところに溝はある。それらの問題もなんとかしないと。歴史のある組織の場合、『いまのままでいい』という人がかなりの数いる。でも、野球界全体でそれぞれの問題に取り組むべきときだと思います」

高校野球は１００年以上、プロ野球は創設から80年以上が過ぎた。ファンが注目してくれるいまだからこそ、「あるべき姿」について考えるべきだろう。

「野球が危機になったとき、何度も神風が吹いて、大きな変革を行わなくても済んできた。でも、オリンピックをどう生かすのか、侍ジャパンをどう進めていくのか、高校野球は……大学野球は……社会人野球は……野球離れは……。課題はたくさんある。あるべき姿について考えてくれる若い人がたくさんいるので、彼らの意見も聞きながら、『これが日本の野球だ』と胸を張れるものをつくっていきたい」

勇気ある決断から50年近くが経ち、「小さな大投手」は古希を超えた。あのとき、プロ野球選手になっていれば……と思ったことはないのだろうか。

「ないね！　一度もない。プロ野球でどれぐらいの成績を残せたかなと想像したことはありましたけど、自分の決断を後悔したことはない。その都度チャンスをもらって、いままでやってきました」

22歳のとき、選手としての達成感を十分に味わったからこそ、後ろを振り向くことはなかった。

「大学の4年間には達成感があります。私は48勝と一緒にずっと生きてきた。『48勝の山中』として頑張ってきた部分がある。どうやっても、切り離せないよね。それに助けられたこともたくさんありました」

２０１７年12月には星野仙一が逝去した。その後も、同時代の野球人がひとり、ふたりと鬼籍に入っている。

「小さな大投手」は、自らの使命をまっとうするまで動き続けるつもりだ。

番外

プロに挑戦した東大のエース

遠藤良平

PROFILE

遠藤良平

（えんどう・りょうへい）

1976年、東京都生まれ。左投げ左打ち。筑波大学附属高校を卒業後、神宮球場でプレイすることを目指して、一浪の末に東京大学に入学。一年春から登板し、二年春よりエースとして活躍。東京六大学リーグの通算成績は8勝32敗で、東大歴代5位の勝ち星。1999年ドラフト7位で日本ハムファイターズに入団した（東大史上4人目のプロ野球選手）。現役期間は2年だったが、その後もフロントとしてチームを支え、2015年よりGM補佐をつとめる。

1999年度 第35回ドラフト会議 主な指名選手

1位【投】	高橋尚成（東芝→読売ジャイアンツ）
1位【投】	朝倉健太（東邦高→中日ドラゴンズ）
1位【投】	正田樹（桐生第一高→日本ハムファイターズ）
2位【投】	藤井秀悟（早稲田大→ヤクルトスワローズ）
2位【投】	木塚敦志（明治大→横浜ベイスターズ）
2位【投】	清水直行（東芝→千葉ロッテマリーンズ）
2位【内】	田中賢介（東福岡高→日本ハムファイターズ）
3位【外】	栗原健太（日大山形高→広島カープ）
4位【内】	川﨑宗則（鹿児島工業→福岡ダイエーホークス）
5位【投】	岩隈久志（堀越高→近鉄バファローズ）

［1999年六大学秋季リーグ　東大―立教］　1回戦をエースとして完投する／提供：毎日新聞社

東大史上4人目のプロ野球選手

〝文武両道〟という理想を掲げても、それを実践できる人はほとんどいない。

時代は変わっても東京大学は日本で最難関の大学だが、東京六大学野球連盟に属しているその野球部は、これまで一度も優勝したことがない。2010年秋から2015年春にかけて、リーグ戦94連敗という不名誉な記録もつくっている。

厳しい受験をくぐりぬけて東大に入学し、野球部に入っても、野球エリートとの差を埋めることは難しい。強豪ばかりの東京六大学のなかでは最下位が定位置で、勝ち点を挙げるだけで大騒ぎになる（1カードで2勝すれば勝ち点1）。

これまで東大の投手のなかで最多の勝利数を挙げたのは、岡村甫《おかむらはじめ》の17勝（1957〜1960年）。2017年ドラフト会議で北海道日本ハムファイターズに7位指名された宮台康平（大学通算6勝）以前に、5人のピッチャーがプロ野球に進んだが、これまで一流選手と認められる成績を残した選手はひとりもいない。入団当初に注目を集めたものの、数年後にはひっそりとユニフォームを脱いでいる。

遠藤良平は、進学校として知られる筑波大学附属高校を卒業後、一浪の末、1996年に東大に入学。一年春に神宮デビューを飾ったのち、二年の春からエースになり、4年間で57試合に登板し、8勝32敗、防御率3・63という成績を残した。東大歴代5位の勝利数（平成では最多）を記録したサウスポーだ。遠藤がプレイした8シーズンのうち、二度の最下位脱出を果たしている。

遠藤は1999年ドラフト会議でファイターズから7位指名を受け、東大史上4人目のプロ野球選手になった。しかし、現役時代はわずか2年で、一軍登板は一度だけ。ひとりのバッターに2球投げて、ヒットを打たれ降板している。

もし、遠藤がプロ野球選手にならなければ、おそらく本書の前半に登場したことだろう。「プロ野球でも活躍したんじゃないか」と言われるだけの実績もポテンシャルも持っていた。しかし、実力を発揮することができず、2シーズン目が終わるころに戦力外通告を受け、ユニフォームを脱ぐことになる。

周囲の反対を押し切り、プロ野球に飛び込んだ遠藤に、番外編として話を聞いた。前章までの名選手たちが直面しえなかった「現実」がそこにはある。

神宮球場で投げるために東大を選んだ

1980年夏に早稲田実業の一年生エースとして甲子園に降臨し、ヤクルトスワローズでも活躍した荒木大輔《あらきだいすけ》が、遠藤のアイドルだった。そのため、子どものころの目標は「早実のユニフォームを着て甲子園に出る」こと。しかし、中学生の遠藤は、早実ではなく筑波大学附属高校に入学した。

「中学時代は野球がうまくいってなくて、野球だけで勝負する自信がありませんでした。それで、野球は強くなくても学力の高い高校を選びました。もちろん、野球が好きだし、甲子園に出たいと思ってはいたんですが……」

しかし、野球オンリーの日々を選択しなかったことで、新しい自信を得た。

「弱いチームだったんですが、中心選手として試合に出て、改めて野球の楽しさ、チームを背負って投げる喜びを感じました。試合に負けたとしても、マウンドの上で勝負したいと思えました。

でも、三年の最後の夏が近づくにつれ、高校野球の終わりが見えてくるわけです。ドラフト会議で指名されるような選手、大学、社会人のチームから誘われるくらいの選手でなければ、卒業後にどこで野球を続ければいいのかよくわからない。僕もそうでした」

自分が通う高校のレベルを冷静に考えると、甲子園出場は現実的な目標にはなりえなかった。遠藤が近い将来の目標として掲げたのは、東京六大学でプレイすることだった。

弱い東大を自分の力で強くしよう。遠藤にそんな気概があったわけではない。神宮球場で投げるための現実的な選択肢として、東大が目の前にあった。

「高校時代は弱小チームながら、野球に青春をかけているという自負はありました。でも、バリバリの進学校なので、卒業してからも野球を続ける人は多くない。みんな、高校で終わり。でも、僕はもうひとつ上のステージで野球を続けたかった。東京六大学は知名度があって、週末に試合を見ることもできました。先のステージを考えたときに、『神宮球場で投げたい』と強く意識するようになりました」

東京六大学は、全国の野球エリートが集まる場所だ。甲子園で名を上げた選手たちが、プロや社会人野球での活躍を見据えて入学してくる。高校時代にこれといった実績のない無名の選手が入り込む隙間《すきま》はほとんどない。

「自分の野球のレベルを考えれば、神宮球場のマウンドに上がるためには東大に入るしかない。

そういう結論になって、東大を第一志望にしました」

だが、日本で最難関の大学に簡単に入れるわけがない。たとえ浪人したとしても、かなりの学力と勉強量が必要だ。野球の練習との両立は難しかっただろう。

「高校時代の僕の学力では、届かなかった。でも幸運なことに、僕の高校は、『頑張れば入れる』という雰囲気だったんです。毎年、何十人も東大に入っていましたから。甲子園ははるかかなた、霞の向こうにあったけど、逆に東大までは道筋が見えていた」

「やりたいからやる」東大野球部

遠藤は1年の浪人を経て、見事、東大に入学した。

「大学に入ってから野球をすることを前提として浪人生活をしていたので、定期的に体を動かしていました。せっかく入ったからには少しでも早く試合に出たい。実際に東大の練習を見ると、レギュラー選手のレベルはそれなりに高いんですが、戦力的に他校と比べて劣っていることは間違いない。『東大で勝つのは簡単なことじゃない』と、改めて思いました」

野球をするために東大に入った野球部員は、学内では異端の存在だった。

「普通に考えれば、東大に入ったのに野球で勝負する必要はない。楽しみたいのならサークルで十分です。大学の体育会に入るとかなりの犠牲を払うことになります。卒業後に直接的にはまったく役に立たないであろうことに、時間とエネルギーを注ぐわけですから。しかも、みんな野球はうまくない。試合にはなかなか勝てない」

それでも、高校時代に完全燃焼できなかった球児にとっては最高の環境だった。甲子園で活躍したスターと同じ条件で勝負できる。

「東大野球部は、浪人して入ってくる人が半分以上。東京六大学で野球ができる、神宮でプレイできるというのが、みんなのモチベーションでしたね。

野球がうまいかどうかは別にして、東大の選手は自分の意志で大学を選び、野球部に入る。『大学で野球なんかやるべきじゃない』と反対されても、それを突き破って野球をする。誰にも『野球をやれ』と言われないのに（笑）。『やりたいからやる』というのが、東大野球部のひとつのアイデンティティですね」

大学を背負って投げるエースの自覚

遠藤が神宮のマウンドを踏んだとき、東京六大学で活躍していたのが、慶應大学の高橋由伸（元読売ジャイアンツ）と明治大学の川上憲伸《かわかみけんしん》（元中日ドラゴンズなど）だった。高校時代とは比べものにならないほどレベルの高いリーグで、遠藤はどう戦ったのか。

「浪人時代に川上さんと法政の真木将樹《まきまさき》さん（元近鉄バファローズなど）の投げ合いを見たことがあって、『こんなすごい選手と対戦できるのか』と、楽しみなような、怖いような感情を覚えました。自分が同じマウンドで投げ合えるとは、到底思えなかった。でも、入学して登板のチャンスをもらったら、自分でも驚くほどすんなりプレイできました。どうしてなんでしょうね。一年春にデビューして、秋には2戦目の先発をさせてもらいました」

遠藤はその後、卒業するまでの4年間、東大のマウンドを守り続けた。

「高校までは、バッターに近いボールは打たれるけど、遠いところは安全というイメージがあったんですが、それが間違いだとわかりました。アウトコースを遠くまで飛ばせるからその選手たちは神宮にいるんです。インコースをうまく使わないと抑えられないということが、六大学に進んで感じたことです。

他大学のすごい打線を前にして、『果てしなく打たれるんじゃないか』という恐怖もありました。野手なら最悪でも三振して終わりですが、ピッチャーが打たれ始めたら大変なことになって、試合が壊れてしまいますから」

他大学と戦力を比較すれば、かなうはずがない。ひとつ勝つこと自体が難しい。1勝してもなかなか2勝はできない。

「チームの目標として何かを掲げるということは特になかったと思います。目の前の試合を精いっぱい戦うだけで。

僕が一年、二年のころは、神宮のマウンドに登って、与えられた試合を投げること以外は、何も考えられませんでした。先発当日の朝に、吐いてしまったことも何度かあります。三年になってから意識が変わって、『俺は東大を背負って投げているんだ』『六大学の1校として、優勝を目指さなきゃいけない』と思うようになりました」

東京六大学では、勝ち点を取るために、各校のエースが初戦が行われる土曜日に登板するという慣例がある。2勝するためには、連投も辞さない。2戦目にリリーフ登板することもあるし、1勝1敗になったあとの3戦目に先発することもある。東大も例外ではない。だから、1

戦目を避けて、2戦目にエースを投入することはない。

東京六大学に所属するチームのエースならば、第1戦に先発して勝ち、1勝1敗にもつれたあとの第3戦にも先発して勝たなければいけない。誰もがそう思う。それを成し遂げて初めて、他大学の選手たちからエースと認められるのだ。遠藤は三年秋の早稲田大学戦で、初めて大きな仕事をやってのけた。

「ひとつのカードで2勝したことが、大学時代では一番うれしかったですね。三年生になってから、エースとは何か、チームを勝たせるとはどういうことかを、常に考えていました」

そのころ、プロ野球に進むことを目標として考えるようになった。

「二年の秋のシーズンが終わったオフに、プロを目指そうと思いました。スカウトから声がかかったわけではなく、あくまで自分のなかの目標として。他人からすると、バカげたことだったかもしれませんが。

東大の戦力を考えれば、チーム全体としてはほかの大学よりも劣っているのは明らかです。それでも試合に勝つためには、エースである自分が相手投手よりも上のレベルにならなきゃいけない。東京六大学に所属するチームのエースと言われる選手は、プロを目指すのが当たり前のレベルにあります。だったら自分も、そのレベルで勝負できるようにならなければと考えました」

「高いレベルに順応できる」という力

弱いチームを勝たせることが、自身の実力をアピールすることにつながる。東大の1勝はほかの大学よりもはるかに重い。遠藤は「東大で一番いいピッチャー」に収まるつもりはなかった。東京六大学で戦うチームのエースとしてのプライドが、遠藤の意識を変えたのだ。

「プロから声がかかるレベルまで自分の実力を上げよう。そう考えるようになってから、ギアがひとつ上がったような気がします」

遠藤は三年、四年の春と秋のシーズンでそれぞれ4完投を記録している。

「でも、防御率は悪くなっていきました。それまで遅すぎて打たれなかったストレートが速くなったからなのかな？（笑）。でも、自分の役割はマウンドに立ち続け、点を取られても勝つことだと思っていました」

遠藤は東大の練習を離れ、社会人野球のチームに泊まり込みで出稽古に行くようになった。日本石油（現JX－ENEOS）、東芝、東京ガス、三菱自動車川崎……東大よりもはるかに高いレベルのなかで揉まれることで、たくましさが増した。

「社会人の選手からすれば、『ストライクを投げられる左ピッチャーが来ているな』『バッティングピッチャーにちょうどいい』くらいの感じだったかもしれません。歓迎されたわけではないので居心地はよくなかったですけど、一緒に練習させてもらうことで自分は変わりました」

お山の大将でいても、レベルアップは望めない。武者修行の日々が遠藤を磨いていった。しかし、東大では学業をおろそかにすることは、許されないのではないだろうか。

「僕は学業のほうは全然ですよ。そもそも野球をするために東大に入っているので、練習に支障が出るようでは困る。正直なところ、受験のときは一番入りやすいところを狙いましたし、専攻を決めるときも野球に影響が出ないようにと考えて。

僕が入った教育学部の身体教育学コースは、バイオメカニクスや身体生理を勉強する学部で、野球というか、スポーツとは関連性がありました。卒論では自分のピッチングについて書きました。勉強に関してはあまり誇れることはなくて、野球にすべてを注いだ4年間でした」

三年の春に1勝、秋に2勝を挙げた。遠藤には自分が成長しているという確かな手応えがあった。

「僕はパッと見はたいしたピッチャーじゃないんですけど、六大学のレベルにも順応することができた。社会人チームの武者修行に行って感じたことでもあるんですが、高いレベルの環境に入れば順応できるという自負があって、自分に長所があるとしたらそこだろうと勝手に思っていました」

四年生の春に2勝、通算8勝をマークして、ドラフト会議を待った（三、四年の4シーズンで、34試合に登板）。強豪チームを持つ企業への入社が内定し、社会人野球でプレイすることが決まっていたが、1999年ドラフト会議で7位指名を受け、晴れて遠藤はプロ野球選手になった。

ひとりのピッチャーとして勝負して敗れた

しかし、遠藤がプロ野球で日の目を見ることは一度もなかった。一軍登板は2年目のシーズン終盤の1回だけ。二軍でも登板機会は少なかった。

「プロ野球で壁にぶつかりました。高いレベルに入っても順応できると思っていたのに、初めて限界を感じました。僕はプロでたった2年しかプレイできなかった。もう少し時間があれば……自分では成長しているという実感もあって、ここでならもっと成長できると思っていました。でも、プロ野球はそんな理由で続けられるところではない。一軍でチームを勝たせられるかどうかのところまでいかないと価値がありません。もしあと3年やったとしても、そこまで到達できるかどうか……難しいだろうと自分でも感じていました」

遠藤が戦力外通告を受けたとき、まだ25歳だった。

入団したときから、引退後には球団に残ることが決まっているのではないかという声が、遠藤にも聞こえていた。選手としてではなく、東大卒のキャリアを評価されたのだと。だが、入団時に引退後の身分を保障する「約束」などなかった。

「僕はその年のドラフトの最下位指名だったし、実力的に劣っていることは認識していたので、そう言われることも覚悟していました。でも、実際にそういうことはありません。あくまで選手としての実力を評価されて入団したと思っているし、選手以外の立場で球団と関わるつもりはまったくありませんでした。純粋にプレイヤーとして、ひとりのピッチャーとして勝負をして、それに敗れただけです」

たった2年間のプロ野球での生活。戦力外通告は遠藤にとって屈辱的だった。

「プロ野球での2年間は苦しかったですね。試合で打たれれば、まだ悔しがりようもあるし、反省しようもある。だけど、それすらできないもどかしさ、悔しさみたいなものがありました。

チームが負ける悔しさすら味わえないという……。試合に出るのが当たり前だった大学時代には、味わったことのない感情でした。

高校からの僕は負けてばかりの野球人生で、『悔しいな』ということだらけ。それがプロになってからは、そんな感情を持てることは幸せだったのだと気づきました。プロ野球選手になったんですから、もっと試合に出て野球をしたかった……。プロに入るとき、『努力は必ず報われる』と自分で書いた色紙を持って映った写真があります。プロの生活が終わったあとはそんな言葉は書けなかった」

挫折感を抱えたままでは、いい仕事はできない

戦力外通告を受けたあと、ファイターズから職員として球団に残らないかと要請があった。しかし、受けるつもりはなかった。

「プロの2年間は自分にとって大きな挫折でした。まだ若かったし、少し前まで一緒にプレイしていた仲間がユニフォームを着ているのに、彼らとどんな気持ちで接すればいいのかわからなかった。挫折感を抱えたままで、いい仕事ができるはずがない。それまで野球のことだけを

考えて、野球だけを見て生きてきたので、視野を広げるためにも自分のお金と時間を使って海外に行こうと考えました」

野球選手ではなくなった自分が、新たに情熱を注げるものを見つけたかった。しかし、具体的な計画があったわけではない。

「そんな僕の気持ちを察してくれたのかどうかわかりませんが、ファイターズから『メジャーリーグの球団で勉強してはどうか』という話をもらいました。そんなチャンスは自分の力だけでは手に入れることはできないと思って、ありがたくお受けすることにしました」

プロでの2年間、地道に努力する姿が認められたからこそ、球団から職員として残ってほしいと要請されたのだろう。どこかで誰かが遠藤のことを見ていた。

「野球に一生懸命に取り組む姿勢が認められて、その後の仕事につながったのかもしれません。ヘタはヘタなりに頑張ったことが。プレイヤーとしては報われなかったけど、長い目で見たらそんなことはなかったということかな。努力は〝必ず〟報われるわけではなくても」

遠藤はユニフォームを脱ぐと同時にアリゾナに渡って、2年間アメリカの野球を学んだ。

「あの2年間は、楽しみすぎたかなというくらい、目の前で起こっていることが楽しくて、楽しくて。シーズン中は、アリゾナ・ダイヤモンドバックスのマイナーチームでアシスタントコーチをやりました。マイナーリーグはコーチの数が少ないので、一塁ベースコーチも、ブルペンの電話係もやりました。本当に貴重な体験でした」

そのルーキーリーグには、その後、読売ジャイアンツでブレイクする山口鉄也《やまぐちてつや》がいた。

「山口と同じユニフォームを着て、高校を出たばかりの彼の通訳兼話し相手みたいな役割もやりました」

遠藤はアメリカから帰国後、北海道に移転したファイターズで、チーム強化部編成企画、ベースボールオペレーション・ディレクターをつとめた。

一軍と二軍を組織としてつなげる

遠藤がユニフォームを脱いでから、20年近く経った。現在はファイターズのGM（ジェネラルマネージャー）補佐という肩書がついている。

「強いチームをつくるうえで、一軍のチーム、二軍の現場、アマチュア選手のスカウティングという3つが大切。僕はGM補佐として、それぞれがうまく機能するように現場に足を運んでコミュニケーションをとっています」

一軍と二軍の監督やコーチなどとコミュニケーションをとりながら、二軍の選手を一軍に送る。一軍は北海道、二軍は千葉の鎌ケ谷に本拠地がある。日常的に接する機会の少ない両者を組織としてつなげるのは簡単なことではない。

ファイターズは、ダルビッシュ有、中田翔《なかたしょう》、大谷翔平など、高卒の新人選手の育成に定評がある。育成プランをつくり、それに沿って成長の度合いをチェックするのも遠藤の仕事だ。

「僕が選手の前に立って、直接何かを言うことはありません。全体のコーディネイトの役割ですね」

一軍と二軍の全体像を把握したうえで、選手やスタッフを適材適所に配置しなければいけない。勝利を求める一軍と育成に主眼を置く二軍では、同じ監督やコーチでも求められる資質が異なる。成果を出せない選手をどうやって伸ばしていくのかを考えるのも、重要な仕事だ。わずか2年ではあったが、プロ野球選手としての経験が生きているのだろうか。

「利点とすれば、自然と選手に敬意を持てること。僕がやりたくてもできなかったことを彼らはやっているわけですから。ただ、引退してすぐは負い目というのか、どこか遠慮がありました。だから、年上の選手を評価するのが難しかった。自分が完全燃焼できなかったせいもあって、選手に対して甘さがあったかもしれない。いまは、現役時代の実績と、評価することは別だと思っています」

選手が「やり切った！」と思える環境づくりを

プロ野球は数字で実力を評価する世界だ。チームの成績も、個人成績も、貢献度も、ひと目でわかる。だが、数字だけを頼りに改善できるほど、チームづくりは容易《たやす》くない。

「たとえば、スタッフのメンバー構成によって、コーチが力を発揮できるかどうかが大きく変わってきます。個人でできること、チームとしてやらなければならないことがあって、どこに評価を求めるのかは難しい。ほかで力を発揮できない人でも、環境を変えれば機能することもあるし、その逆のケースもある」

野球をしているのはグラウンドにいる選手だけではない。だから、大きな視野でチームを見ている。1カ月後のことだけではなく、数年後の未来もしっかりと考えなければならない。

「選手としてグラウンドのなかから野球を見た経験は、大きいかもしれません。才能があるのにそれを生かせず、もったいないないと思う選手もたくさんいました」

スカウトという目利きに認められドラフト会議で指名されても、3年ほどでユニフォームを脱ぐ選手も少なくない。

「プロ野球選手を見て思うのは、自分でこの道を選んだ人が多くないということです。『選ばれたからここにいる』という選手は、プロ野球選手になれたありがたみを感じにくいもの。だから、プロ野球選手としての日常が当たり前になって、努力することを怠って、取り組みが甘くなる。プロで生き残るための取り組みができていない選手を見ると、もったいないなあと思ってしまいます」

自身が完全燃焼できなかったからこそ、思うことがある。才能を伸ばすための環境づくりに遠藤は心を砕いている。

「僕たちの仕事は、選手たちのためにきちんとした環境を整えてあげること。ファイターズに入ったからには、『やれることをやり切った』『才能もすべて出し切った』と思ってほしい。その環境づくりを意識しています」

日本のプロ12球団を見渡したとき、ファイターズほど新陳代謝の早いチームはほかにない。ダルビッシュも大谷も、躊躇することなくアメリカに送り出した。それができるのは、アマチュア選手のスカウティングと、若手選手の育成システムが機能しているからだ。

「自分がやりたいかどうか」が指針

できるかどうか、ではなく、やりたいかどうか。

人生の岐路に立ったとき、遠藤はそれで判断してきた。プロでは大きな挫折を味わったが、後悔はない。

「その人にとって大切なのは、『生き方を自分で決める』ということだと思います。自分で生き方を選ぶという意識を持てるかどうか。たとえば、大学を卒業するときに、『自分で道を決めなきゃいけない』と思えるか。残念ながら、ほとんどの人は目の前のことに一生懸命で、意識することができていないんじゃないかと思います」

遠藤がプロ入りを表明したときには、反対する人がたくさんいた。「プロで成功するはずがないじゃないか」と。

「東大OBには、『本当にそれでいいのか？　世の中にはおまえの知らない、もっと大きな世界があるんだぞ』と言われました。『成功すると本気で思っているのか』とも。でも、僕が人生の選択をするときに、『できるかどうか』という判断基準はなかった。できるとわかっていたら、面白くないじゃないですか。そういう声を聞いて、逆に『プロ野球の世界に挑戦してやろう』と思いましたし、しっかりとした覚悟を持てました」

成功するかどうかで考えれば、明らかに分が悪い。成功確率というものがあるとすれば、かなり低かったはずだ。だが、遠藤はそこを見なかった。そもそも、成功するかどうかなど、誰にもわからない。自分が決めた道ならば後悔することはないだろう。

「難しい道を選んだほうが人生は楽しい。そもそも東大で野球をすること自体がそうなんですから。大学時代、僕らはリーグ戦で1勝もできず、0勝10敗のシーズンもありました。まわりは負けて当たり前と思っているかもしれないけど、自分たちは勝つために真剣に戦っているから、勝てないことが悔しいいし、苦しい。

試合が終わったあとに、寮に帰る途中のハンバーガー屋でチームメイトと話をしました。『これから先の人生で、こんなにつらいことってあるのかな?』と真顔で言い合って、『いや〜、たぶんねぇだろう！』って。いま考えると、たかが部活ですよ。人生の苦しさなんて何にもわかってない大学生の微笑ましい話なんですけど、それぐらい野球にかけていたんです」

遠藤は「やりたいこと」を極めるために、プロ野球に入った。それが許されるだけの実力もあった。

「東大の野球部に入るのとプロ野球に行くというのは、違うことのように見えるけど、僕のなかでは同じ選択なんですよね。『東大に入ってまで野球をやらなくてもいいだろう』と言われても、『官僚になったり、一流企業に入ったりするために、時間を使えよ』と言われても、僕には関係ない。それが楽しいかどうかは自分が決めること。やりたいかどうかは世の中の価値観とは関係ない。そんな考えを高校時代くらいから持っていましたね」

うまくなくても、野球が一番やりたいことだった

腕に覚えのあるアスリートなら、当然、少しでも高いレベルで戦いたいと思う。東大でエースになり、通算8勝を挙げた遠藤が、プロ野球を目指したのは自然の流れだ。

「結果的にいま、GM補佐という仕事についているので、引退後の規定路線のように思う人もいるかもしれませんが、そうではありません。僕は選手以外の立場でプロ野球の世界で働こうとは少しも思っていなかった。現役選手のとき、そこに魅力は感じませんでした」

好きな野球で、高いレベルで勝負したいという思いがあった。全力を注いだ結果、いまにつながる道ができたのだ。

「スポーツをやっている人間なら、もっとレベルの高いフィールドが目の前にあって、それにチャレンジする権利があったら、当然やるでしょう。僕はほかの職業と比較することはなかった」

東大のエースだった遠藤は、野球で達成感を覚えたことが少なかった。大学時代に8勝してはいるものの、敗戦の数は4倍の32にのぼる。いつも悔しさを抱えていた遠藤の目の前には、プロ野球という世界があった。

そこが、本書に登場した6人の「プロ野球を選ばなかった怪物たち」と遠藤との大きな違いだ。

「客観的に見てほかの方々と自分が違うのは、たいしてうまくはなかったけど、野球が一番やりたいことだったというところ。とにかく野球を全力でやって、それがダメになったとしても、方向転換して別の世界に飛び込めるだろうという自信のようなものがありました。大学を卒業して新卒で企業に入るのも1回きりのチャンスかもしれません。でも、僕のなかでは序列が明確で、野球はヘタだけど一番やりたいこと。チャレンジできるならやろうと。だから、少しも迷いませんでした」

遠藤はいま、GM補佐として、自分のチームの選手だけでなく、日本中の野球選手のことを見ている。

「少年野球も高校野球もそうですが、せっかく好きで野球を始めたのだから、『野球をやってよかった』と思ってほしい。最終的に違う道に進むにしても、ある一定の期間、何かに打ち込む経験は貴重だし、次の新しい道に進むうえでものすごく大事なこと。成功体験とまでは言わなくても、『これに時間を使った、楽しかった、全力でやり切った』と言えることは素晴らしい。どんなことでも、全力でやれば見えてくるものがあるはずです」

遠藤は42歳になった。同じ1976年生まれのプロ野球選手はみな、ユニフォームを脱いだ。

「東大の同期は40歳を過ぎ、会社のなかで差が出始めるころです。一流企業で着実に階段を上がっている人もいれば、そうじゃない人もいる。仲間からは『遠藤はいいよな。おまえの人生のなかで、出世とか収入とか関係ないんだろう？』と言われます。全然関係ないわけじゃないんだけど、そういうことに縛られていないように見えることは、ありがたいことかもしれません。プロ野球を選んだ時点でそう思われたようですね（笑）」

これからのプロ野球を魅力あるものにすること、そこで働く人材育成も遠藤に与えられた大きな使命だ。

「そもそもプロ野球って、世の中になくてもいいものです。実際にプロ野球のない国はたくさんある。お米をつくる、車をつくるというのとは違います。『プロ野球の存在意義は何か？』と考えたとき、無形の感動であったり、人と人とのコミュニケーションのきっかけだったり、喜怒哀楽の、特に楽しみになるかどうかというところじゃないですか。

世の中になくてもいいものがあり続けるためには、人に必要だと思われなければならない。そこを自覚しないと、プロ野球界は成り立っていかなくなると考えています」

遠藤がプロ野球の世界に飛び込んでから、20年近い月日が経った。その間、プロ野球のあり方も環境も激変した。おそらく今後も変わり続けることだろう。プロ野球とそれを構成するチームは、「これまでと同じ」では発展が望めない。どこに向かって吹くかわからない未来の風を遠藤はどう捉え、どんな計画を立てるのだろうか。

おわりに

立教大学を卒業するときに野球人生を終えた私は、出版社に入り、雑誌や書籍の編集者になった。はじめに入ったぴあで、『羽生善治《はぶよしはる》の思考』という書籍に携わった。そのなかで、著者で棋士の羽生善治はこう書いている。

人間とは不思議なもので、自分が過去に選択しなかったことに対してすごく楽観的なところがある。「こっちを選べばよかったのに」と思うことはあっても、実際に結果がどうだったかなんて、誰にもわからない。

人は概して、逆に未来のことについてはすごく悲観的になるもの。「こうやってもダメ」「ああやってもダメ」と思ってしまう。そういう傾向がある。でも、実際は同じ選択なのだから、どちらにも転ぶ可能性がある。

そもそも、人間にそういう傾向があることは間違いない。だから、それを踏まえたうえで、自分が選んだものに対して責任を取りつつ自信を持つことが大事なのではないだろうか。

人生を左右するような重大な選択に直面したとき、あなたはどんなことを思うだろうか。「こっちを選んだせいでうまくいかなかった……」と後悔したこともあるかもしれない。

野球というスポーツは決断の連続で成り立っている。

監督がスターティングメンバーを誰にするのか、ピッチャーが次に何を投げるのか、ランナーが次の塁に進むかどうかも、決断によって変わってくる。

野球にはさまざまな局面があり、状況はさまざまに変化する。自分たちが有利になる確率の高い作戦を選ぶのが野球のセオリーだ。成功確率をベースに、多くの野球人は次の決断を下している。

本書に登場した6人の「プロ野球を選ばなかった怪物たち」は、おそらく自分がプロ野球でも十分に戦えるという自信も手応えもつかんでいたはずだ。いずれもアマチュア時代に素晴らしい成績を残しているし、他者と自分を冷静に分析する目も持っている。

そのうえで、彼らはそれぞれの理由で、プロ野球を戦いの場として、あるいは仕事として、選ばなかった。好きな野球を続けたいと言う人もいれば、好きだからこそ野球から距離を置きたいと考える人もいる。そこにはそれぞれの決断があった。

周囲の人にいろいろなアドバイスを受けた末に、彼らはみんな、自分で進路を決めた。だから、迷いがない。


2017年に立教大学を全日本優勝に導いた山根佑太はこう語っている。

「まだ新しい世界で実績を残していないので、『もったいない』とか『野球を続ければよかったのに』と言われますが、10年後に成果を出していれば、そうは言われないはずです。何年後かに『野球を続ければよかったな』とは思わない自信が自分にはあります」

東京六大学で最多の48勝を挙げた「小さな大投手」山中正竹は、「プロを選ばなかったことを後悔したことはないか」という問いに対してこう答えた。

「ないね！　一度もない。プロ野球でどれぐらいの成績を残せたかなと想像したことはありましたけど、自分の決断を後悔したことはない。その都度チャンスをもらって、いままでやってきました」

不思議なことに、23歳になったばかりの若者からも、71歳の名伯楽からも、同じような答えが返ってきた。まわりから「惜しまれる」決断をしたことを後悔しないように生きてきた（生きていく）という思いがうかがえる。

「プロ野球を選ばなかった怪物たち」は、一度は野球から離れたように見える。だが、野球との絆は断たれることなく、むしろ年を追うごとに強くなっている。

故郷を離れ数多くの栄光を手にした名将は、自分の原点ともいえる場所に戻っている。彼らの目的は恩返しだ。還暦を迎えて初めて高校野球の監督になった應武篤良、67歳で母校に戻った鍛治舎巧はその代表だ。

長く甲子園から遠ざかっている崇徳の復活に、應武は燃えている。

「早稲田大学の監督を退任したあと、いろいろなところから『指導者に』と声をかけていただきましたが、もし監督をするなら母校しかないと思っていました。もう一度自分を奮い立たせられるのはそれだけだと。目標は甲子園に出ることじゃなくて、甲子園で校歌を歌うこと。それが本当の恩返しですね。もちろん、私もまだ校歌を歌えます」

２０１８年４月に県立岐阜商業の監督になった鍛治舎は言う。
「野球部は94年の歴史があります。あと６年で創部１００周年。これまで甲子園で挙げた勝利数は87で、公立高校では全国で１位です。次の１００年で１００勝できる基盤をつくりたい。強豪私学と互角に渡り合って、いつでも日本一を狙えるチームの基礎をつくるのが私の役割」

そもそも野球とは、多くの人にとって学生時代に出会う〝部活〟にすぎない。しかし、才能に恵まれ、努力を続けた者たちは、大きな舞台で活躍することによって、最後に〝仕事〟にできる。〝仕事〟としてプロ野球に関わることの苦悩について、番外編として、ファイターズのGM補佐の遠藤良平に聞いた。

プロ野球に挑んだことは失敗だったのか？
プロ野球を選ばなかったことは成功だったのか？

７人の決断とその成果についての評価は読者に委ねたい。
「プロ野球を選ばなかった怪物たち」は現在、使命として、あるいは宿命として、野球に関わり続けている（大学を卒業したばかりの山根は野球から離れているが、時が来れば、運命の糸に操られ、また戻ってくるかもしれない）。

もし野球の世界に神様がいるならば、本書に登場した7人はすべて、彼女（彼）の愛情をたっぷりと受けてきた。それをどのような形で野球の世界に還元してくれるのか——私は陰ながら、それを見続けていこうと思っている。

2018年9月　元永知宏

参考文献

「週刊ベースボール」ベースボール・マガジン社
山中正竹『小さな大投手　東京六大学48勝サウスポーの超野球論』ベースボール・マガジン社新書、２０１０
羽生善治『羽生善治の思考』ぴあ、２０１０
應武篤良『斎藤佑樹と歩んだ１４０６日』ベースボール・マガジン社、２０１１
應武篤良『早稲田野球の魂　斎藤・福井・大石に受け継がれた一球への想い』ＰＨＰ研究所、２０１１
鍛治舎巧『そこそこやるか、そこまでやるか　パナソニック専務から高校野球監督になった男のリーダー論』毎日新聞出版、２０１８

[著者略歴]

元永知宏

（もとなが・ともひろ）

1968年、愛媛県生まれ。立教大学野球部4年秋に、23年ぶりの東京六大学リーグ優勝を経験。大学卒業後、ぴあ、KADOKAWAなど出版社勤務を経てフリーランスに。
著書に『期待はずれのドラフト1位 逆境からのそれぞれのリベンジ』『敗北を力に！ 甲子園の敗者たち』（ともに岩波ジュニア新書）、『殴られて野球はうまくなる!?』（講談社＋α文庫）、『敗者復活 地獄をみたドラフト1位、第二の人生』『どん底 一流投手が地獄のリハビリで見たもの』（ともに河出書房新社）、『荒木大輔のいた1980年の甲子園』（集英社）、『補欠の力 広陵OBはなぜ卒業後に成長するのか？』（ぴあ）がある。

プロ野球《やきゅう》を
選《えら》ばなかった怪物《かいぶつ》たち

2018年11月19日　初版第1刷発行
2019年 1 月 9 日　　　第2刷発行

著　者　元永知宏《もとながともひろ》
装　丁　金井久幸[TwoThree]
装　画　田中海帆

DTP　小林寛子
編　集　木下 衛
発行人　北畠夏影
発行所　株式会社イースト・プレス
〒101-0051
東京都千代田区神田神保町2-4-7 久月神田ビル
Tel.03-5213-4700
Fax03-5213-4701
http://www.eastpress.co.jp
印刷所　中央精版印刷株式会社

ISBN978-4-7816-1723-7